Johannes Sløk
Christentum mit Leidenschaft

Johannes Sløk

Christentum mit Leidenschaft

Ein Weg-Weiser zur Gedankenwelt
Søren Kierkegaards

Aus dem Dänischen übersetzt
von Ulrich Panzer

Chr. Kaiser

Titel der Originalausgabe:
›Kierkegaards Univers.
En ny guide til geniet‹
Centrum, Viborg 1983
© Johannes Sløk

CIP-Titelaufnahme der Deutschen Bibliothek
Sløk, Johannes:
Christentum mit Leidenschaft: Ein Weg-Weiser zur
Gedankenwelt Søren Kierkegaards / Johannes Sløk. Aus d.
Dän. übers. von Ulrich Panzer. – München: Kaiser, 1990
  (Kaiser-Taschenbücher; 83)
  Einheitssacht.: Kierkegaards univers ‹dt.›
  ISBN 3-459-01854-2
NE: GT

Inhalt

Hermann Deuser

Einleitung

Das gibt es also tatsächlich: Ein gelehrtes Buch über den dänischen Theologen und Philosophen S. Kierkegaard, das ohne Fußnoten und wissenschaftlichen Apparat auskommt! Sicherlich, Kierkegaard hat sich selbst vor allem als Schriftsteller verstanden, aber was er in den von ihm eigenwillig und souverän gestalteten Schreibgattungen, seinen Romanformen, Reden und wissenschaftlichen Essays, durchdacht und ausformuliert hat, ist alles andere als leichte Lektüre. Kierkegaard ist »unanständig« schwer zu lesen – so hat es Johannes Sløk im dänischen Original geschrieben, und so ist es auch; dasselbe aber so direkt ins Deutsche zu übersetzen, wäre ausgesprochen unüblich. So populär und locker würden wir das nicht schreiben wollen. Aber genau dies ist der Reiz zwischen unseren trotz aller geschichtlichen und geographischen Nähe doch auch sehr differenten Sprachkulturen. Ulrich Panzer hat mit Begeisterung die harte Arbeit des Übersetzens übernommen, und es lohnt sich, Fachliteratur aus dem Dänischen zu uns herüberzuholen: Das Dänische kennt nämlich einen wunderbar gelungenen Stil, der ein Drittes vermag neben dem, was wir in Deutschland im schlechten Sinne als »journalistisch« und im trockenen Sinne als »akademisch« etikettieren würden, und Sløk ist ein Meister in dieser Kunst des dritten Weges. Zudem ist er ein Fachmann ersten Ranges, der es sich leisten kann, frei und wirklich zur Einführung einen »Weg-Weiser« in die Gedankenwelt Kierkegaards zu schreiben. Wenn jetzt etwas das Lesen noch schwer machen sollte, so hat das seinen Grund allein in Kierkegaards Thema, und das sind wir Menschen selbst!

Aus der doch bloß »akademischen« Spezialistendiskussion soll zu diesem Thema hier nichts weiter kommentierend gesagt werden (eine Diskussion übrigens, die seit den 50er Jahren den Namen Sløks genau kennt), sondern in einem einzigen markanten Punkt will ich wiederholen, was Kierkegaards unnachgiebige Existenzlehre bis heute ausmacht und wozu dieser »Weg-Weiser« allen den besten Einstieg vermitteln kann: »*Christentum mit Leidenschaft*« – das mag den einen (theologisch) zu fundamentalistisch-fromm, den anderen (philosophisch) zu verschroben-irrational klingen, doch beide Verdächtigungen treffen nicht. Mit *Leidenschaft*, »pathetisch« und »sympathetisch«, eine Sache zu verfolgen und letztlich sich selbst aufgegeben zu sein, das ist die Grundbedingung für Humanität. Darin läßt sie sich beschreiben und zu den theologischen Basisbegriffen erklärend ins Verhältnis bringen. Kierkegaards Begriff der menschlichen *Existenz* führt das im einzelnen aus, und gerade diese von Kierkegaard gegen jede systematische Rationalisierung behauptete Uneinholbarkeit der existentiellen Situationen meint keine irrationale Verabschiedung von Argumenten, sondern deren richtige Plazierung. Daraus haben Philosophie und Theologie nach wie vor zu lernen – und in erster Linie jeder einzelne Leser für sich selbst. Das jedenfalls war Kierkegaards Absicht, und das literarische Labyrinth, das er dafür aufbaute, hatte Methode: sich selbst darin finden zu müssen. – Daß auch diese Programmformulierung keine Trivialität darstellt, muß nun wirklich durch eigene Lektüre überprüft werden. Hier ist der »Weg-Weiser«, um in Kierkegaards und ins eigene Labyrinth zu gelangen, ohne sich zu verlieren.

I Vom Nutzen eines Weg-Weisers

Kierkegaard ist ziemlich schwer zu lesen und noch schwerer zu verstehen. Schuld daran ist in weitem Maße er selbst, türmt er doch für seinen Leser fortwährend Hindernisse unterschiedlichster Art auf, über die dieser nur schwer hinwegsteigen kann. Bereits seine Sprache hat es in sich. Unbestreitbar besaß er ein schon bewundernswertes Geschick, sich auszudrücken. Es finden sich Passagen bei ihm, die einfach einzigartig sind in der dänischen Literatur: lyrisch, ironisch, pathetisch. An anderer Stelle wiederum kann er sich - bewußt - so kompliziert ausdrücken, daß der Sinn in verschachtelten Sätzen zu verschwinden droht. Dann wieder finden sich bei ihm ganz kurzgefaßte, telegrammartige oder, wie er selbst es nennt, »algebraische« Formulierungen, die den Charakter eines Rebus annehmen können. Und wieder andere Male verliert er sich in einer solchen Umständlichkeit, daß er damit die Geduld des Lesers schon arg strapaziert. Der Grund für all das liegt natürlich nicht etwa in Kierkegaards Ungeschicklichkeit. Fast immer steht Berechnung und Wille dahinter. Sorgfältig wählt er die Sprachform, die seiner Meinung nach am besten zu dem paßt, was er gerade sagen will.

Zweitens war Kierkeegard ein sehr gebildeter Mensch, belesen weit über die Grenzen seines Faches hinaus. Von all seiner Gelehrsamkeit macht er natürlich Gebrauch, und zwar dermassen exzessiv, daß der Leser nur dann folgen kann, wenn er genauso gelehrt ist. Es geht noch an, daß Kierkegaard illustrierende Beispiele oder Zitate zur Verdeutlichung seines Anliegens anführt. Wobei die Zitate, nebenbei bemerkt, oft ein wenig nachlässig wiedergegeben sind; was den Eindruck vermittelt, daß er einfach keine Lust hatte, nachzuschlagen und stattdessen einfach aus dem Gedächtnis zitiert. Das ist sicherlich noch zu verkraften. Schwerer wiegt jedoch, daß er sich oft damit begnügt, auf etwas hinzuweisen oder bloß dunkel anzudeuten. Denn da kann es wirklich schwer werden, zu erraten, worauf er eigentlich anspielt und noch schwerer, zu begreifen, was er überhaupt sagen will.

Seine Gelehrsamkeit findet bisweilen auch ihren Niederschlag in der Sprache, die er wählt. Kierkegaard ist nun einmal aufgewachsen in einer philosophisch-theologischen Begriffswelt, und es war für ihn etwas ganz Normales, deren vielfältige Ausdrucksformen und Wendungen auch aktiv zu verwenden. Das Bedauerliche dabei ist nur, daß diese Sprache so hochentwickelt ist in ihrer Subtilität, daß wir sie heutzutage nicht ohne weiteres verstehen können. Denn mit Vorliebe macht er Anleihen bei spekulativen philosophischen Systemen, die ein gutes Stück von dem entfernt sind, was heutzutage allgemeines Gedankengut ist.

Doch was Kierkegaard betrifft, ergibt sich eine ganz besondere Schwierigkeit daraus, daß er ganz und gar nicht mit dieser spekulativen Welt einverstanden ist, sein Denken sogar eine Abrechnung mit dem spekulativen System darstellt. Und natürlich macht es das Verstehen Kierkegaards noch schwerer und führt leicht zu Mißverständnissen, wenn er sich polemisch verhält zu einer philosophisch-theologischen Betrachtungsweise, deren Begriffe er auf der anderen Seite selbst verwendet. Was bei ihm übrigens auch für andere Bereiche gilt, auf die ich noch zu sprechen kommen werde.

Doch damit nicht genug. Wir kommen nun zu dem Punkt, der die größten Probleme aufwirft. In gewisser Weise, so kann man sagen, ist Kierkegaard ein höchst unzuverlässiger Autor, und es ist gewiß nicht abwegig zu fragen, ob er jemals ein Buch geschrieben hat, in dem er ohne Vorbehalt und ohne Hintergedanken ganz persönlich jedes Wort so gemeint hat, wie es dasteht. Der größte Teil seiner Verfasserschaft ist entweder anonym oder von erdichteten Autoren geschrieben, von Pseudonymen also. Der Rest - das heißt: seine Dissertation über den Begriff der Ironie, die sogenannten Erbaulichen Schriften und die kleineren Abhandlungen über seine Verfassertätigkeit, von denen er nur eine einzige herausgab - veröffentlichte er zwar unter seinem eigenen Namen: »S.Kierkegaard« steht auf dem Titelblatt. Doch auch hier kann man seinen Zweifel anmelden. Denn die Vermutung ist sicherlich nicht aus der Luft gegriffen, daß wir es bei diesem »S. Kierke-gaard« in gewisser Weise auch mit einem Peudonym zu tun haben. Auf jeden Fall sollte man nicht zu gutgläubig sein und davon ausgehen, daß es der authentische Kierkegaard selbst ist, mit dem man es hier zu tun hat. Und wenn er eine der Schriften »Eine einfache Mitteilung zur Geschichte« nennt, dann kann man fast mit Sicherheit davon ausgehen, daß er hier gerade dabei ist, eine Geschichtsfälschung zu betreiben.

Doch wozu eigentlich all diese Komplikationen und Mysti-fikationen? Welchen Sinn haben sie? Hierauf eine Antwort zu finden, ist bestimmt nicht einfach; es bietet sich gleich eine ganze Reihe von Erklärungsmöglichkeiten an. Zunächst wä-ren da die Zeitumstände zu nennen: Kierkegaard lebte zur Zeit der Spätromantik, und da hielt man eine ganze Menge von Geheimnistuerei dieser Art; fast war es schon ein vertrau-tes literarisches Spiel. In Kierkegaards Fall wußte man schon recht bald, daß er der Autor war. Doch nach außen hin tat man so, als wisse man es nicht. Als Kierkegaard sich beispielsweise auf die berühmte Polemik gegen den »Corsar« einließ, führte nach außen hin nicht er selbst die Feder, sondern einer der fik-tiven Autoren, Frater Taciturnus. Im »Corsar« antwortete dessen Herausgeber Goldschmidt wiederum nicht, indem er etwa Kierkegaard angriff, sondern indem er seine Kritik an besagten Taciturnus richtete. Und das, obwohl die Karikatu-ren, die den Artikel illustrierten, ganz offensichtlich Kierke-gaard darstellen sollten.

Doch für Kierkegaard handelte es sich bei dieser besonde-ren Form der Mitteilung nicht nur einfach um eine literarische Spielerei. Ganz prinzipiell gesehen hat die verwirrende Pseu-donymität ihre Ursache in einer besonderen philosophisch-pädagogischen Methode; Kierkegaard bezeichnete sie als »Dialektik der Mitteilung«. Gelernt hatte er sie hauptsächlich von Sokrates (oder, wenn man so will, von Platon). Die Idee dieser Methode besteht zunächst einmal darin, daß man, wenn man einen Menschen an einen bestimmten Ort führen will, ihn erst einmal dort abholen muß, wo er sich gerade be-findet. Mit anderen Worten: Als Schriftsteller muß man Rücksicht nehmen auf die Voraussetzungen des Lesers. Deshalb war Kierkegaard - wie er selbst behauptete - erst einmal gezwungen, ästhetisch-literarisch aufzutreten. Denn auf dieser Stufe befand sich sein Publikum. Erst danach konnte er es langsam und über viele Stadien hinweg zu dem Thema führen, das er von Anfang an angestrebt hatte: das Religiöse.

Die Methode geht außerdem davon aus, daß Wahrheiten, die die menschliche Existenz betreffen, ethisch-religiöse Wahrheiten also, sich auf keinen Fall direkt mitteilen lassen. Es reicht nicht aus, daß sie einem erklärt werden oder daß man sie auf irgendeine äußerliche Art und Weise mitgeteilt bekommt. Denn ihre Pointe liegt darin, daß man sie persönlich verwirklichen, sie in seiner eigenen Existenz realisieren muß. Man muß sie sich aneignen oder: Man muß sie als seine eigene Wahrheit wählen, für die man auch einsteht. Deshalb darf der Leser auch nicht durch die Person des Autors gestört werden; und das wird er ja auch nicht, wenn der Verfasser ein Pseudonym ist.

Dieser Umstand wird besonders deutlich, wenn die Verfasserschaft nicht nur einen, sondern eine verwirrend große Zahl von fiktiven Autoren und Herausgebern aufweist, von denen jeder eine besondere Persönlichkeit hat. Da Kierkegaard oft davon ausgeht, daß diese Autoren sich untereinander kennen und sich gegenseitig auf ihre Werke beziehen, wird die gesamte Verfasserschaft zu einer einzigen langen Diskussion verwandelt, die immer weiter vertieft wird und an der sich immer mehr Personen beteiligen; und es bleibt dem Leser freigestellt, sich zu entscheiden, mit welchem dieser vielen Autoren er halten will. Er kann also nichts kraft der Autorität eines anderen übernehmen, sondern muß selbst Stellung beziehen.

Doch auch etwas anderes gilt es zu beachten: Es ist ja kein Geheimnis, daß Kierkegaard ein ziemlich sonderbarer Mensch war, weit jenseits der Grenze zur Normalität. Ich will hier keine psychologisch-psychiatrische Analyse wagen, sondern in diesem Zusammenhang lediglich auf eine Eigentümlichkeit hinweisen, die sein Auftreten in der Öffentlichkeit und dabei besonders seine Tätigkeit als Schriftsteller betrifft. Es sieht ganz danach aus, daß er einfach nicht leben und auftreten konnte als er selbst, so, wie er wirklich war. Dazu fehlten ihm Spontaneität und Unmittelbarkeit. In gewisser Weise hat er immer Theater gespielt: Zuerst mußte er sich eine Rolle suchen, die Identität einer erdachten Persönlichkeit annehmen. Erst dann konnte er auftreten und zwar so, wie diese Person es getan haben würde. Er war mit anderen Worten aus psychologischen Gründen in die Pseudonymität gezwungen. Folglich sollte man bei dem, was er schreibt, stets auf der Hut sein. Denn ganz und gar zuverlässig ist es nie.

Dasselbe gilt für die Tagebuch- und Journal-Aufzeichnungen, die er von frühester Jugend an bis zu seinem Tode niederschrieb. Wir müssen sie immer mit einer Prise Salz geniessen, auf jeden Fall, sobald wir über seine allererste Schaffensperiode hinausgelangt sind. Denn sicherlich schreibt er hier für sich selbst, doch gleichzeitig hat er auch sein Publikum im Blick, sei es ein nur erdachtes oder das tatsächliche Publikum, das sich - dessen war sich Kierkegaard sehr wohl bewußt - sicherlich einfinden würde: die Forscher, die Nachwelt, wir. Sogar in seinen Aufzeichnungen ist er daher damit beschäftigt, sein Leben in Szene zu setzen, oder - wie wir heutzutage sagen würden - sein Image zu schaffen. Wir dürfen daher bei diesen Zeugnissen nie vergessen, daß ihm zwar ganz bestimmt die praktischen Probleme, denen er sich darin zuwendet, am Herzen liegen, daß er aber gleichzeitig sehr darauf bedacht ist, als der dazustehen, der diese Probleme in genau dieser Weise angeht.

Diese mangelnde Fähigkeit, ganz und gar er selbst zu sein, macht nicht nur sein Werk, sondern auch ihn als Person in beträchtlichem Maße zu einem Rätsel. Was für ein Mensch war er eigentlich? - Wir wissen es nicht. Beschreibungen von seiten anderer, die ihn gekannt haben, helfen uns nicht viel weiter; denn sie widersprechen einander in unüberbietbarer Weise und sagen ihm praktisch alle Eigenschaften nach, angefangen bei Boshaftigkeit bis hin zu schonungsvoller Zuwendung. Er hat wohl auch in seinem Alltag, den Menschen gegenüber, mit denen er zu tun hatte, mehr oder minder Theater gespielt; und vielleicht liegt die Wahrheit darin, daß er die schrecklichsten Gegensätze in sich vereinigte und daß er seine ungeheuren Geistesfähigkeiten einsetzen mußte, um diesen Gegensätzen die Stirn zu bieten, um eine Art Balance zu finden zwischen den am meisten auseinanderklaffenden Extremen - doch daß es ihm unter diesen Umständen natürlich niemals gelang, in aller Harmlosigkeit ein einigermaßen normaler Mensch zu werden.

Man kann sagen, daß dies der Preis war, den er zahlen mußte, der Preis dafür, ein Genie zu sein. Diese Genialität, an der er selbst keinen Augenblick zweifelte, ist das für uns andere Unbegreifliche, denn um sie messen zu können, muß man schon einen außerordentlich großen Maßstab haben. Kierkegaard war einer der wenigen Schriftsteller - und auf die ganze europäische Geschichte bezogen heißt das einer von etwa zehn bis fünfzehn Dichtern -, die in wirklich neuen Bahnen dachten und von denen wir anderen leben. Über solch einem Genie liegt der Schleier des Geheimnisvollen; es vollbringt das Unfaßbare, und wir anderen mehr oder minder begabten Normal-Menschen sind außerstande, diesen Mann voll und ganz zu verstehen.

Es finden sich also eine ganze Menge Gründe dafür, daß Kierkegaard - wie ich am Anfang bereits feststellte - ziemlich schwer zu lesen ist. Aufgrund ihrer ganz einzigartigen Genialität stellt sich uns seine Verfasserschaft wie eine Welt für sich dar. Man kann auf verschiedene Weise versuchen, in sie einzudringen, und man kann das natürlich auch auf eigene Faust tun. Doch wenn man in ein fremdes Land kommt, dann ist es immer klug, zunächst einmal Hilfe bei einem Führer zu suchen, der sowohl mit dem Wegenetz als auch mit den Sehenswürdigkeiten vertraut ist, sich also um eine Art orientierende Einführung zu bemühen, die die Weiterreise auf eigene Faust erleichtern kann. - Das jedenfalls ist es, was dieses Buch leisten will. Deshalb wendet es sich auch nicht an Spezialisten, und obwohl ich es natürlich von meiner persönlichen Warte aus geschrieben habe, liegt seine Absicht nicht darin, Beitrag in irgendeiner wissenschaftlichen Auseinandersetzung zu sein. Dagegen empfiehlt es sich all denen, die gern versuchen möchten, in die kierkegaardsche Gedankenwelt einzudringen. Und ausgehend von der Einsicht, die ich erreicht zu haben meine, biete ich es an als eine Art Wegweiser und Führer durch eben diese wunderliche Gedankenwelt.

II Kierkegaards Hintergrund

Als Denker ist man natürlich mehr oder minder abhängig von der Zeit und der Kultur, in der man lebt. Bei Kierkegaard war dies in außerordentlichem Maße der Fall, und um ihn verstehen zu können, muß man daher eine gewisse Kenntnis des kulturellen Hintergrunds haben, vor dem sein Denken zu sehen ist.

Kierkegaards Leben umspannt die 42 Jahre von 1813 bis 1855, und abgesehen von einem kurzen Aufenthalt in Gilleleje (Nord-Seeland) während seiner Jugendzeit, einer einzelnen Reise nach Westjütland und ein paar Besuchen in Berlin, verbrachte er sein ganzes Leben in Kopenhagen. Es war mit anderen Worten die Kopenhagener Kultur dieser Jahre, die in beherrschender Weise seinen geistigen Hintergrund bestimmte.

Gerade in diesen Jahren ergriff das Bürgertum definitiv die Macht in Dänemark, vor allem natürlich in der Hauptstadt. Dänemarks unglückliche Beteiligung an den napoleonischen Kriegen und der Staatsbankrott im Jahr 1813 (Kierkegaards Geburtsjahr!) setzten in mancherlei Hinsicht einen Schlußstrich unter eine lange Epoche. Die Zeit des Absolutismus ging ihrem Ende entgegen. Politische Forderungen nach einer demokratischen Verfassung machten sich geltend, mit größtem Nachdruck gerade vom Bürgertum vorgetragen, das in wirtschaftlicher Hinsicht zu immer größerem Einfluß gelangte. Und hier - wie auch anderenorts - fanden die Forderungen ihren radikalsten Ausdruck innerhalb der akademischen Jugend. Dies geschah mit einem gewissen Anstrich revolutionären Geistes und sorgte für eine ordentliche Portion Erregung im Kopenhagen jener Zeit. Doch obwohl die Staatsmacht in das Geschehen eingriff, ging die ganze Angelegenheit ruhiger vonstatten als anderenorts in Europa und vollzog sich ohne ausgesprochen unglückliche Episoden. Der große Umsturz kam schließlich - doch nicht durch Barrikaden und Gewehrschüsse, sondern mit Hilfe von Festreden und vaterländischen Gesängen.

Den Gewinn strichen das geschäftstüchtige Bürgertum und der Stand der besitzenden Bauern ein, während die kleinen Leute auch weiterhin außenvor blieben.

Kierkegaard wurde im wahrsten Sinne des Wortes hineingeboren in dieses auflebende Bürgertum. Zwar stammte sein Vater aus dem ärmlichen Westen Jütlands, doch durch kaufmännisches Geschick hatte er es zu einem außerordentlich großen Vermögen gebracht, so daß Kierkegaard nie etwas anderes kennenlernte, als das reiche Zuhause am Nytorv in Kopenhagen.

Doch dieses Bürgerheim war keine eindeutige Größe. Der Vater, der hier ganz und gar dominierte, läßt sich am treffendsten als eine Mischung aus Geschäftsmann und westjütländisch-pietistisch geprägtem Gemüt beschreiben. Das konnte zu religiösen Konflikten führen, und es ist kein Geheimnis, daß über dem Zuhause eine Atmosphäre schwerer Schuldbeladenheit lastete. Nun verhält es sich ja so, daß Menschen, die empfänglich sind für ein tiefes Schuldgefühl, dieses oft selbst nur sehr schwer verstehen können, sich selbst nicht im klaren darüber sind, woher es eigentlich kommt. Es muß doch, so meinen sie, von einer Schuld herrühren, die sie sich zugezogen haben, von irgendeinem Vergehen - doch von welchem? Und so verhielt es sich auch in Kierkegaards Familie: Die Geschichte vom Vater, der als Hirtenjunge auf eine Anhöhe gestiegen sei und Gott verflucht habe, ist sicherlich den meisten bekannt. Doch solch eine kindliche Handlung kann unmöglich die ganze Erklärung für ein Gefühl so schwerer Schuldbeladenheit sein. Es muß noch etwas anderes dahinterstecken.

Man ist an diesem Punkt nicht müde geworden, zu raten. So hat man sich zum Beispiel damit beschäftigt, daß es dem alten Krämer geglückt war, sein gesamtes Vermögen unbeschadet über den Staatsbankrott zu retten. Man muß zugeben, daß er hier ein nicht zu leugnendes Talent an den Tag legte und mit solch einer Kaltblütigkeit benutzte, daß es die Grenze zum Unehrenhaften überschritt und er dabei möglicherweise andere in den Konkurs trieb. Wie dem auch immer sei, so geschahen diese Ereignisse doch zu einem so späten Zeitpunkt seines Lebens, daß man hier nicht den Grund für seine Anfechtungen finden kann.

Man hat ebenso, und vielleicht mit größerem Recht, auf die zweite Ehe des alten Kierkegaard hingewiesen. Nachdem seine erste Frau recht jung gestorben war (sie wurde nur 38 Jahre alt), heiratete er nach nur einem Jahr seine um 12 Jahre jüngere Haushälterin Anne Sørensdatter Lund, da sie schwanger von ihm war. So etwas war natürlich für die damalige Zeit und für einen ernsthaften Pietisten eine prekäre Situation. Nichts desto trotz scheint es so, daß er selbst mitten im tiefen Gefühl von Schuld und Reue, das auf ihm lastete, an ein Verhaltensmuster gebunden war, das nur als ein Ausdruck zynischer Geschäftstüchtigkeit verstanden werden kann: Er versuchte, einen Ehevertrag durchzusetzen, der der jungen Frau überaus nachteilige Konditionen setzte. Und erst auf äußeren Druck hin rang er sich dazu durch, ihr bessere Bedingungen einzuräumen!

Man hat mit weiteren Ratereien der Wahrheit auf den Grund zu kommen gesucht und ist dabei besonders in Richtung des Sexuellen gegangen: Bordellbesuche, Syphilis und dergleichen mehr. Søren ist daran nicht ganz schuldlos. An einigen Stellen finden sich bei ihm ein paar sehr dunkle Andeutungen, die man, wenn man unbedingt will, in diese Richtung auslegen kann. Und im übrigen hat er ja dafür gesorgt, daß dieselben Mutmaßungen auch über ihn selbst im Umlauf sind. Ich denke, daß man vielleicht nicht all zu viel auf diese Vermutungen geben sollte, da sie ja auf jeden Fall nur recht bedeutungslose Begebenheiten betreffen. Und eine von Kierkegaards Pointen wird ja - wie wir noch sehen werden - sein, daß Schuld überhaupt nicht durch etwas anderes als durch sich selbst begründet werden kann. Gedanken dieser Art sind Kierkegaards Erbe an die Nachwelt, und nicht ein eventueller Besuch im Bordell.

Man kann hingegen einen Moment innehalten bei der Frau, die zur zweiten Ehefrau des alten Spekulanten und zur Mutter vieler Kinder wurde. Sie gehört verständlicherweise mit zum Bild der Familie, doch es kann recht schwer sein, herauszufinden, welche Rolle sie eigentlich spielte. Denn um sie herrscht große Stille. Vermutlich war sie ein weniger komplizierter Mensch, ohne nennenswerte geistige Bildung und daher auch ohne die Fähigkeit, ihrem Mann und den begabten Söhnen in deren sicherlich oft sehr subtilen Gesprächen folgen zu können. Auf jeden Fall wirkt es auffallend, daß Søren sie nirgends erwähnt. Der Vater hingegen hat bekanntermaßen eine herausragende Rolle in seiner Gedankenwelt gespielt; ihn erwähnt er häufig und ihm widmet er auch seine Erbaulichen Schriften. Doch über die Mutter kein einziges Wort. Auf der anderen Seite darf das jedoch nicht mißverstanden werden. Aus zweiter Hand wissen wir, daß ihn ihr Tod sehr berührte, und alles spricht dafür, daß sie eine warme, freundliche Frau war und den Kindern eine gute Mutter. Es läßt sich zwar nicht belegen, aber gewiß hat sie einen fördernden Einfluß auf ihren jüngsten wunderlichen Sohn gehabt.

Es war also ein Zuhause mit Gegensätzen und Heimlichkeiten, das auch von Trauer heimgesucht wurde. Søren war der Jüngste von sieben Geschwistern, geboren, als der Vater 56 und die Mutter 45 Jahre alt waren, eine an und für sich schon recht schicksalsschwere Plazierung innerhalb der Familie. Und was noch schwerer wiegt: Seine älteren Geschwister starben verhältnismässig jung, ausgenommen Peter Christian Kierkegaard, der dafür ein hohes Alter erreichte. Besonders die Jahre 1832 bis 1834 waren tragisch, denn im Laufe dieser kurzen Zeit starben außer der Mutter und einem Bruder in Nordamerika die beiden Schwestern, zu denen Søren ein enges Verhältnis hatte. Beide verschieden im Wochenbett im Alter von 33 Jahren. Søren selbst war davon überzeugt, daß er seinen 33. Geburtstag nicht überleben würde!

Diese Geschehnisse warfen unausweichlich einen dunklen Schatten auf das Heim am Nytorv. Der Vater betrachtete die vielen Todesfälle wahrscheinlich als Strafe Gottes für seine Schuld - worin auch immer diese bestanden haben mochte. Auf jeden Fall ergab die Stimmung im Hause einen ausgezeichneten Nährboden für schwermütige Gedanken; insbesondere für jemanden, der vielleicht schon von vornherein eine depressive Natur hatte.

Wir können festhalten, daß Kierkegaards persönlicher

Hintergrund zwei verschiedene Haltungen hervorrufen konnte: Die erste hat ihre Wurzeln im Emporkommen des Bürgertums in wirtschaftlicher, sozialer und politischer Hinsicht und läßt sich wohl am besten als eine selbstbewußte Mündigkeit mit der Forderung nach Freiheit und Unabhängigkeit beschreiben. Der Einzelne entdeckt seine Selbständigkeit, seine Fähigkeit zur Selbstbestimmung und überhaupt sich selbst, als das eigentlich Wertvolle.

Die andere Haltung hingegen hat ihren Ursprung in einer in sich gekehrten und schweren Religiosität. Es ist dies eine brütende und sich selbst durchleuchtende Haltung, gefüllt mit Begriffen wie Schuld, Reue, Buße, Anfechtung und Prüfung. In Kierkegaards Person und Werk sind diese beiden zutiefst unterschiedlichen Haltungen ineinander verwoben.

Es gibt jedoch noch einen dritten Punkt in Kierkegaards Hintergrund, dem wir etwas Aufmerksamkeit widmen müssen. Es sind dies die Geistesströmungen seiner Zeit, mit denen in Berührung zu geraten er als Akademiker nicht vermeiden konnte. In überwiegendem Maße handelt es sich dabei um die deutsche Romantik und die spekulative Philosophie, insbesondere das System Hegels. Grundtvig und der gesamten grundtvigianischen Bewegung gegenüber verhielt sich Kierkegaard ablehnend und verständnislos, so daß deren Geisteswelt ihn in keiner Hinsicht beeinflußt hat, die der Erwähnung wert wäre. Gleiches läßt sich jedoch auch umgekehrt über Grundtvigs Beziehung zu Kierkegaard sagen. Als Persönlichkeiten unterschieden sich die beiden Männer so stark voneinander, daß eine Verständigung unmöglich war.

Doch auch das Verhältnis zur Romantik und zur spekulativen Philosphie wirkt überraschend. In vielen Punkten zeigt sich Kierkegaard beispielsweise stark beeinflußt von der Romantik, und in seiner Verfasserschaft finden sich auf Schritt und Tritt typisch romantische Züge. In den schönliterarischen Werken liebt er Tagebuch- und Briefstil, die dem Leser das Gefühl geben können, hier die privatesten Geheimnisse des Verfassers zu erlauschen. Von einigen Büchern wird sogar behauptet, sie seien Manuskripte, die unter geheimnisvollen

Umständen gefunden worden seien: in einer geheimen Schublade zum Beispiel oder in einem Eisenkasten, emporgefischt aus der Tiefe eines Sees. Und die Personen, die in den Büchern auftreten, haben oft einen Hauch von Romantik an sich: die unglücklich Liebenden, der Greis, das Kind, das einsame Mädchen. Doch die ganze romantische Apparatur ist nur Kulisse, eine Szenerie, mit der Kierkegaard das genau Entgegengesetzte, ausgesprochen Anti-Romantische verkündet: das Alltägliche, Konkrete, Realistische. Die romantischen Figuren, die er auf die Bühne schickt, sind immer in irgendeiner Weise mißratene Menschen, während die Personen, die in seinen Werken wirklich die Aufgabe erfüllt haben, echte Menschen zu werden, absolut unvorstellbar sind als romantische Figuren: der gesetzte Bürger, der glücklich verheiratete Beamte, ein Pfarrer aus der jütländischen Heide u.a.m.

Daß Kierkegaard dieselbe auffällige Haltung der spekulativen Philosophie gegenüber einnimmt, habe ich bereits an früherer Stelle angedeutet. Er ist zutiefst beeinflußt durch das Spekulative, verwendet dessen Begriffe und Bezeichnungen. Doch in Wirklichkeit gebraucht er sie nur, um abzurechnen mit dieser philosophischen Richtung. Ihr setzt er das Konkrete, Realistische, Existentielle entgegen. Was in der Realität bedeutet, daß er den Grund für eine völlig neue Art von Philosophie legt.

Wir haben Anlaß, noch eine dritte Geistesströmung zu erwähnen, zu der sich Kierkegaard in der gleichen dialektischen Weise verhält. Das ist der Pietismus. Die pietistische Lebenseinstellung lernte Kierkegaard, wie bereits erwähnt, daheim kennen, und ganz frei davon wurde er sein Leben lang nicht. So zählt beispielsweise pietistisch ausgerichtete Erbauungsliteratur zu seiner ständigen Lektüre. Es ist daher nicht verwunderlich, daß die Worte, die eine Schlüsselfunktion in allen Formen pietistischer Literatur haben, Kierkegaards Vorliebe genießen. Er verwendet sie gern und mit großer Selbstverständlichkeit in seiner gesamten Verfasserschaft. Doch wenn man sich davon an der Nase herumführen läßt und glaubt, daß er folglich Pietist sei, dann liegt man weit daneben. Die Begriffe erfahren bei ihm eine Wendung und erhalten oft einen ganz anderen Sinn, der sie zu einem direkten Angriff gegen den bzw. zu einer Ablehnung des Pietismus werden läßt.

In allen Punkten - Romantik, spekulative Philosophie und Pietismus - setzt Kierkegaard etwas Neues anstelle des Ursprünglichen. Der zentrale Begriff innerhalb dieses Neuen heißt »Existenz«, und falls man Kierkegaards Denken mit einem Etikett versehen will, dann muß man diesen Ausdruck verwenden und es »existentialistisch« nennen.

Diese Haltung ist charakteristisch für Kierkegaard. Er ist zwar stark beeinflußt durch seinen Hintergrund, doch in der Weise, daß er sich selbst in völliger Nicht-Übereinstimmung mit ihm sieht. Diesem Hintergrund gegenüber muß er sich polemisch verhalten, ihn angreifen, abrechnen mit ihm. In diesem durch und durch Polemischen bei Kierkegaard liegt in einem anderen Sinn des Wortes ein bedeutender Teil seines Hintergrunds oder besser gesagt: seiner persönlichen Voraussetzungen. Und das bekommt, wie eben angedeutet, Konsequenzen für sein Werk. Doch nicht nur dafür, sondern auch für sein persönliches Schicksal.

Gewiß ist Kierkegaards Lebenslauf nicht von einer unüberschaubaren Fülle dramatischer Ereignisse geprägt; doch die wenigen, die sich finden, hat er allesamt selbst hervorgerufen. Er besaß eine überwältigende Begabung, zu provozieren und lud das Unglück beinahe zu sich ein. Bereits sein erster Auftritt als junger Student war geprägt von Polemik. Er hatte eine Kontroverse mit Orla Lehmann, und sein erstes Buch verstand sich als eine Abrechnung mit H.C. Andersen - anläßlich dessen Romans »Nur ein Spielmann«. Diese ersten, etwas arroganten, Versuche führten indessen nicht zu weiteren Konflikten.

Das tat hingegen die unglückselige Verlobungsgeschichte, und diesen Konflikt rief Kierkegaard tatsächlich selbst hervor. Indem er all seine Fähigkeiten einsetzte, andere zu faszinieren, setzte er die Verlobung mit der 17-jährigen Regine Olsen durch, und das, obwohl er sehr wohl von dem keimenden Liebesverhältnis des blutjungen Mädchens mit seinem Lehrer Fr. Schlegel wußte. Es war eine desperate Handlung Kierkegaards. Er war außerstande, ein gewöhnliches Liebesverhältnis einzugehen, und noch weniger konnte er ein normales Familienleben führen. Das sah er sehr bald ein, und als Regine sich an ihn klammerte, mußte er selbst brutal die Verlobung lösen.

In jener Zeit und in jenen Kreisen war das natürlich ein Skandal von Format. Kierkegaard verschwand bei nächster Gelegenheit nach Berlin, und er kam nie über die Affäre hinweg. In seiner Verfasserschaft spielt sie als Thema eine ganz herausragende Rolle, und persönlich kam er im Grunde niemals los von Regine. Wieder und wieder kehrte er zurück zu der Affäre, traf die Ex-Verlobte ja auch häufig in dem kleinen Kopenhagen und versuchte sogar einmal, zu einer Art Einvernehmen zu gelangen, wobei er jedoch auf die Ablehnug des Vaters, Etatsrat Olsen, und Schlegels stieß, mit dem Regine mittlerweile verheiratet war. Schließlich vermachte er ihr testamentarisch alles, was er besaß (was jedoch inzwischen nicht mehr gerade die Welt war) - ganz so, als wären sie miteinander verheiratet gewesen.

Das nächste mehr dramatische Ereignis war die Auseinandersetzung mit P.L. Møller, Goldschmidt und dem »Corsar«. Und dieser Konflikt war in ganz außerordentlichem Maße von ihm selbst heraufbeschworen worden. Møller und Goldschmidt hatten kein Interesse gehabt, mit Kierkegaard in den Ring zu treten. Im Gegenteil: Die beiden hegten die größte Bewunderung für ihn, und ihr Vergehen bestand darin, daß sie ihn gelobt hatten! Doch dies im »Corsar«, den Kierkegaard als ein Skandalblättchen betrachtete. Es ist unmöglich, zu sagen, worin sein innerstes Motiv bei seinem Angriff bestand; Goldschmidt hatte er sogar einst hoch geschätzt, wohingegen er mit Møller schon vorher nicht hatte auskommen können. Auf jeden Fall zwang er Goldschmidt schon fast dazu, den Streit aufzunehmen und den berühmten Feldzug gegen ihn und seine Pseudonyme einzuleiten. Es ist charakteristisch für Kierkegaard, daß er - worin auch immer seine wahren Beweggründe bestanden haben mögen - seinen eigenen Einsatz idealisierte. Er hielt daran fest, daß er im Dienste einer höheren Sache handele, daß er sich für andere opfere, daß er eine Art geistige Polizeigerichtsbarkeit ausübe. Und er hat ohne Zweifel geglaubt, daß es sich tatsächlich so verhalte. Doch genauso unbestritten genoß er die Situation, den polemischen Angriff als solchen, das Lächerlichmachen und das Zerreißen seiner Widersacher. Auf diesem Gebiet war er unbestreitbar Meister, und in Goldschmidt hatte er einen Gegner gefunden, der der Mühe wert war, sich mit ihm anzulegen. Doch Kierkegaard achtete sorgfältig darauf, der Nachwelt ein Bild von sich selbst zu hinterlassen, das ihn als den empörten Moralisten darstellt und als den von »Pöbelhaftigkeit« verfolgten Märtyrer.

Es gehört mit ins Bild, daß Kierkegaard Auseinandersetzungen nicht mit Abstand sehen konnte. Als Goldschmidt seine Entgegnung abgab und die Kampagne einleitete, wurde Kierkegaard grenzenlos verbittert. Und er verzieh Goldschmidt nie. In der Folgezeit konnte er über ihn nur mit fast geiferndem Hass sprechen und mit einer Verachtung, die grenzenlos schien. Daß er jedoch selbst dazu beigetragen hatte, P.L. Møllers Karriere zu ruinuieren und Goldschmidt dazu getrieben hatte, den »Corsar« zu verkaufen, berührte ihn nicht.

Der Streit mit dem »Corsar« wirkt fast wie die Generalprobe zu dem wirklichen und phantastischen Streit, dem »Kirchenkampf«, den Kierkegaard in seinen letzten Lebensjahren ausfocht. Und wiederum war dies ein Konflikt, den er selbst vom Zaune gebrochen hatte. Niemand hatte ihn herausgefordert oder belästigt, jedenfalls nicht bewußt, und niemand hatte auch nur die geringste Ahnung davon, was hier im Anmarsch war. Ganz allein und ohne weiteren Anlaß als den, den er selbst erfunden hatte, löste Kierkegaard einen wahren Gewittersturm aus - und entzweite sich damit nicht nur mit der Geistlichkeit, sondern mit der gesamten etablierten Gesellschaft, dem Bürgertum und der Geisteselite, dem »Bestehenden«, wie er es nannte. Niemals war einem bislang ein solches Maß an Polemik untergekommen, mit überlegenerer Meisterschaft abgefeuert, aber auch mit absoluterer Hemmungslosigkeit und ohne jedwede Zurückhaltung, was den Gebrauch von Schimpfworten und Hohn anbelangt. Hier demonstrierte Kierkegaard, in welch hohem Maaße er sich im

Widerspruch zu seiner Zeit und den herrschenden Ansichten und Strömungen befand.

Im übrigen fällt es recht schwer, das Verhältnis dieses letzten Auftretens und der eigentlichen Verfasserschaft zueinander zu bestimmen. Der Unterschied in Stil, direktem Engagement und Wortwahl ist frappierend. Schwieriger ist die Frage, ob die mächtige Polemik Kierkegaards eigentlich noch dasselbe meint, was dem Kierkegaard, der das einzigartige Werk schuf, so wichtig war. Doch auf dieses Problem werde ich natürlich noch an anderer Stelle zurückkommen.

Lassen Sie mich im Rahmen dieser Betrachtungen über den Hintergrund Kierkegaards noch eine Eigentümlichkeit seines Gemüts festhalten, von der man wissen muß, wenn man ihn verstehen will: Obwohl sein Leben durch keine anderen dramatischen Ereignisse berührt wurde als durch die, die er selbst hervorgerufen hatte, lebte er es doch in einem inneren Sinne mit einer Leidenschaft und Intensität, die ein äußerstes Maß an Ernst verrät. Für Kierkegaard war es unmöglich, irgend etwas auf die leichte Schulter zu nehmen. In seinem Bewußtsein nahm alles ungeheure Proportionen an. Er konnte nicht die einfachste Angelegenheit in Angriff nehmen, ohne vorher die skrupulösesten Überlegungen angestellt zu haben. Im Grunde war in seinen Augen nichts unwichtig, und nichts lag daher jenseits des Ernstes, mit dem seiner Meinung nach das Leben eines jeden Menschen - wenn es echt sein soll - geführt werden muß.

Wenn man will, kann man das sicherlich von einem psychiatrischen Standpunkt aus betrachten. Doch Kierkegaards unvergleichliches Lebenswerk ist nun einmal vor diesem Hintergrund entstanden. Und damit wollen wir uns ja schließlich hier beschäftigen.

III Mensch und Gesellschaft

Kierkegaards Absicht bestand nicht darin, sich ein philosophisches System zusammenzudenken. Im Grunde wollte er nur das eine: herausfinden, wer er eigentlich selbst war. Da er nicht spontan und als das Normalste in der Welt einfach so drauflosleben konnte wie andere Menschen, mußte er natürlich innehalten und nach dem Grund dafür fragen. Und da er sich dank seines ererbten Vermögens keine Gedanken über sein Auskommen zu machen brauchte, konnte er sein Leben dazu verwenden, dieses Problem gedanklich zu durchdringen.

So wurde Kierkegaards Denken zu etwas höchst Persönlichem, im Grunde ganz und gar Privatem. Und darüber war er sich auch selbst im klaren. Ihm war sehr wohl bewußt, daß er eine Ausnahme darstellte, nicht nur deshalb, weil er ein einzigartiges Genie war, sondern ebenso, weil ihm die elementarsten Voraussetzungen dazu fehlten, ein normales Leben zu führen. Deshalb wurde er auch nicht müde, immer wieder zu unterstreichen, daß es keine uneingeschränkte Auszeichnung sei, als Ausnahme leben zu müssen. Doch dadurch, daß sein Denken in besonderem Maße von Privatem geprägt wurde, verliert es keineswegs an Interesse für andere. Im Gegenteil! Selbst verstand er sich als von der »Fügung« dazu auserwählt, zum Nutzen anderer die Bedingungen, denen das Leben des Menschen unterworfen ist, gedanklich zu durchdringen. Und zu diesem Zweck war es ja gerade wichtig, daß er eine Ausnahme war; versetzte ihn dieser Umstand doch in die Lage, gerade die Dinge ins Visier zu nehmen, die man gewöhnlich zu übersehen geneigt ist. Die Ausnahme ist es, die aufdeckt, worin das Normale, das »Allgemeine« besteht. Wenn er also alles darauf verwandte, zu ergründen, wer er eigentlich selbst war, so bestand das Resultat darin, daß er beschrieb, was es ganz allgemein bedeutet, Mensch zu sein. Ihm selbst half dies nicht viel weiter, denn er befand sich unabänderlich in der Situation, eine Ausnahme und folglich ausgeschlossen von allem

Normalen zu sein. Doch anderen, davon war er überzeugt, würde er weiterhelfen können, wenn er ihnen die Möglichkeit eröffnete, ihre Lebensbedingungen besser zu verstehen.

Kierkegaard konnte viele Bilder gebrauchen, um diese Situation zu verdeutlichen. So wählte er zum Beispiel einmal das Bild einer Kiste Apfelsinen. Wenn sie auf die lange Reise geht, dann wird die äußere Apfelsinenlage gestoßen und ungenießbar. Doch trotzdem haben die jetzt verdorbenen Apfelsinen einen Nutzen gehabt und ihre Aufgabe erfüllt, die darin bestand, die anderen Apfelsinen zu schützen, die nun als gesunde Früchte auf dem Markt verkauft werden können.

Kierkegaard wollte also - motiviert durch seine Unfähigkeit, diese Aufgabe zu erfüllen - untersuchen, was es bedeutet, Mensch zu sein. Doch gleichzeitig besaß er ja eine ordentliche Portion Genialität, und deshalb ging er auf seine ganz besondere Art und Weise an die Sache heran. Die meisten anderen Philosophen hätten eine Abhandlung geschrieben, eine gelehrte philosophische Erörterung über das Wesen des Menschen oder dergleichen. Kierkegaard tut das nicht. Als erstes Werk der eigentlichen Verfasserschaft gibt er ein formidables Buch in zwei Bänden heraus: »Entweder - Oder«. Und darauf folgend in fast atemberaubendem Tempo Buch für Buch für Buch. Es ist unmöglich, sie in die gewöhnlichen Rubriken einzuordnen. Denn man kann sie weder als schöngeistige Literatur noch als philosophische Analysen bezeichnen und sie ebenso wenig als ironische Beiträge zur laufenden Debatte jener Zeit verstehen oder als erbauliche Literatur im herkömmlichen Sinne. Sie sind praktisch ein wenig von allem und noch mehr; die verschiedenen Genres finden sich hier nicht in Reinkultur, sondern in undurchschaubarster Weise miteinander vermischt. Mir haben Kierkegaards Zeitgenossen immer ein wenig leidgetan, die diesen Berg von Büchern an den Kopf geworfen bekamen und nicht im voraus wußten, womit sie es hier eigentlich zu tun hatten.

Heutzutage stehen wir besser da. Wir haben - einigermaßen zumindet - erfaßt, können auf jeden Fall verstehen, was Kierkegaard wollte und warum er so vorging, wie er es nun einmal tat. Abgesehen von dem, was ich oben zum Sinn der

Pseudonymität gesagt habe, liegt die eigentliche Pointe darin, daß eine Analyse des Menschen eine Analyse des tatsächlichen, konkreten Menschenlebens sein muß, so, wie es wirklich gelebt wird - und nicht eine spekulative Bestimmung des Menschen im Allgemeinen. Der Mensch ist stets konkret, ein einzelnes bestimmtes Individuum, ein Existierender - und darf nicht verwechselt werden mit einem abstrakten Begriff. In dieser Ausgangsposition liegt Kierkegaards Ablehnung der spekulativen Philosophie begründet.

Aus diesem Grunde beginnt er damit, sich umzusehen in seiner Zeit, zu beobachten, wie die Menschen tatsächlich leben, wo ihre Probleme liegen und worin die Schwierigkeiten bestehen, in denen sie schließlich gefangen werden. Und er macht dies auf eine witzige, tiefsinnige, literarische, referierende und beißende Art.

Doch lassen Sie mich nun versuchen das zu tun, was Kierkegaard gerade nicht tut. Ich will probieren, auf eine gängigere philosophische Art und Weise zu erklären, von welcher Anschauung er eigentlich ausgeht. Worin besteht das fundamentale Geheimnis und die grundlegende Schwierigkeit des Menschen? - Es besteht in einer Doppelheit, einer Spannung zwischen zwei entgegengesetzten Polen, und die Aufgabe des Menschen liegt darin, diese Pole miteinander in Einklang zu bringen, sie zumindest in der Balance zu halten. Auf der einen Seite ist der Mensch ein Individuum, diese einzelne bestimmte Person, mit keiner anderen zu verwechseln, unvergleichlich, ganz und gar er selbst als er selbst. Dieser Gedanke ist für Kierkegaard entscheidend, und an ihm kann nicht gerüttelt werden. Jeder Mensch ist eine Welt für sich. Er ist nie zuvor gewesen und niemals wird es ihn in einem anderen Menschen ein zweites Mal geben. Er kann weder reproduziert noch mit einem anderen verwechselt werden. Seine Aufgabe besteht darin, ganz und gar identisch mit sich selbst zu sein und zu bleiben und nicht mit etwas anderem. Anders verhält es sich hingegen mit Tieren und Pflanzen. Das einzelne Schaf - oder welches andere Tier man nun als Beispiel nehmen will - ist kein Individuum, sondern ein Exemplar. Das eine Schaf kann mit dem anderen verwechselt, durch das andere erstattet und in ihm wiederholt werden. Die einzelnen Schafe sind praktisch eine Art Kopie der Gattung Schaf oder des Begriffs Schaf.

Doch der Mensch ist ein Individuum. Er ist buchstäblich unersetzlich. Er kann zwar in seiner Funktion ersetzt werden: Wenn man Eisenbahnbeamter oder Anwalt ist, dann kann man ersetzt werden durch einen anderen Eisenbahnbeamten oder Anwalt. So verstanden ist niemand unentbehrlich. Doch als Individuum, als dieser bestimmte Mensch, ist man unwiederholbar und daher unersetzlich.

Das führt jedoch zu einer ganz erheblichen Schwierigkeit. In gewisser Hinsicht sind Menschen ja auch Exemplare, genauso wie Tiere, nämlich Exemplare der Gattung Mensch. Gewiss sind alle Menschen für sich allein unersetzliche Einzelstücke, aber gleichzeitig sind sie doch allesamt dasselbe: Menschen. - Wie ist das möglich? Wenn Kierkegaard von der Gattung Mensch spricht, dann kann er das Wort »Geschlecht« gebrauchen und sagen, daß der Mensch gleichzeitig er selbst und das gesamte Geschlecht ist. Jeder Mensch wiederholt das »Geschlecht«, doch auf seine eigene ganz persönliche Weise. Deshalb kann Kultur auch nicht vererbt werden. Wenn man eine Tierart veredelt, eine Schafrasse zum Beispiel, dann werden als Ergebnis veredelte Schafe geboren. Wenn man jedoch ein Volk christianisiert, dann bedeutet das noch lange nicht, daß als Ergebnis Christen geboren werden. Jedes Individuum muß von vorn beginnen und so, in seiner eigenen persönlichen Wirklichkeit, die Entwicklung des gesamten Geschlechts durchlaufen. So, wie Darwin es später formulieren wird: Erworbene Eigenschaften können nicht vererbt werden.

Der Gedankengang ist nicht ganz einfach, doch von großer Bedeutung. Lassen Sie mich daher einmal versuchen, das Ganze etwas anders zu sagen: Der Mensch, die Gattung Mensch, das »Geschlecht«, existiert in der Realität überhaupt nicht. Man begegnet ja schließlich nie dem Menschen als solchem. Man begegnet nur einzelnen bestimmten Menschen, Individuen. Doch jedesmal, wenn man einen solchen einzelnen bestimmten Menschen trifft, dann trifft man eigentlich den Menschen als solchen. Der Mensch als solcher ist jeder individuelle Mensch, doch eben in Gestalt dieser einzelnen individuellen Person. Natürlich gibt es ungeheuer große Unterschiede zwischen den einzelnen Menschen: Sie können groß sein oder klein, dick oder dünn, freundlich oder mürrisch etc.pp. Folglich gibt es Sinn zu sagen, daß der eine Mensch freundlicher ist als der andere oder ein tüchtigerer Zimmermann als der andere usw. Doch es ergibt keinen Sinn zu sagen, der eine Mensch sei mehr Mensch als der andere. Denn Menschen sind sie allesamt gleichermaßen. Die Aufgabe liegt nur darin, seine Menschlichkeit auszudrücken, bzw. das Allgemeine zu verwirklichen: nämlich, Mensch zu sein.

Das Individuelle am Menschen besteht also nicht nur darin, daß er nie absolut identisch ist mit einem anderen, sondern ist durch seine in vielerlei Hinsicht besondere Prägung charakterisiert. Dasselbe gilt im Grunde für so viele, ja, eigentlich sogar für alle anderen Arten: Ein Pudel zum Beispiel ist niemals absolut identisch mit einem anderen Pudel, und jeder von seinem Tottenham hingerissene Hundebesitzer wird versichern, daß er seinen Tottenham unter allen anderen Tottenhams der Welt wiedererkennen würde. Das Individuelle am Menschen liegt darin, daß er auf seine persönliche Art und Weise das Allgemein-Menschliche als solches verwirklichen soll. Was das bedeutet, werde ich noch ausführlich erklären.

Zunächst müssen wir jedoch der Sache mit dem - anscheinend - widersprüchlichen Bestimmtsein des Menschen auf den Grund gehen. Diese Annahme geht davon aus, daß der Mensch immer und von Anfang an in eine Gesellschaft eingebunden ist. Und damit ist nicht nur der Ort gemeint, an dem sich der jeweilige Mensch befindet, sondern all das, was sein Wesen bestimmt. Was ein Mensch ist, wird dadurch definiert, was an dem jeweiligen Ort in der jeweiligen Gesellschaft als Idealbild des Menschen festgelegt wird. Oder: Die Gesellschaft selbst zwingt den Menschen durch ihre Struktur und Funktionsweise dazu, einem ganz bestimmten Menschenbild zu entsprechen. Es ist natürlich eine recht alte und banale Weisheit, daß der Mensch von der Gesellschaft abhängig ist, in der er lebt. Darin sind sich alle einig. Uneinigkeit kommt erst da auf, wo man präziser die Art dieser Abhängigkeit bestimmen soll. Für Kierkegaard ist klar, daß es sich hierbei nicht um ein äußerliches Verhältnis zwischen dem Einzelnen und seiner Gesellschaft handelt. Der Einzelne ist keine feste, abgrenzbare und in sich selbst ruhende Größe, die sich nur äußerlich zufälligerweise in einer Gesellschaft befindet, sondern er ist sehr intim und von Anfang an - und das bedeutet: immer schon im vorhinein - mit seiner Gesellschaft verbunden. Es gibt eine Einheit von Individuum und Gesellschaft, und zwar in dem Sinne, daß man nicht von zwei Größen reden kann: auf der einen Seite der Einzelne und auf der anderen die Gesellschaft, die nun mehr oder weniger miteinander zu tun hätten, sich gegenseitig beeinflußten und veränderten.

Viel eher müssen wir hier von einer Einheit sprechen, einer Einheit, die wir Individuum/Gesellschaft nennen können. Das läßt sich vielleicht dadurch verdeutlichen, daß wir sagen: Was das Individuum ist, hat es von der Gesellschaft, und was die Gesellschaft ist, kann man am Individuum erkennen - in dem Sinne, daß beide Größen ausschließlich kraft der jeweils anderen bestimmt werden können. Es ist sicherlich sehr beliebt, zwischen der angeborenen Ausrüstung und den Anlagen eines Menschen auf der einen Seite und den Einflüssen, die von außen auf ihn einwirken, auf der anderen zu unterscheiden; zwischen Vererbung und Umwelteinflüssen, wie man dies zu nennen pflegt. Das ist natürlich auch nicht ganz verkehrt. Die meisten werden darin übereinstimmen, daß der Mensch mit einem bestimmten Maß an ererbten Anlagen geboren wird. Doch ganz ohne Zweifel ist es der Einfluß von Seiten der Gesellschaft, der darüber bestimmt, was aus diesen Anlagen werden soll, welche zu fördern sind und wie sie sich ganz konkret entfalten sollen. Der Mensch wird von Anfang an durch seine Umwelt beeinflußt. Doch diese Beeinflussung bleibt nicht beim Äußerlichen stehen, sondern sie wird internalisiert, wie man zu sagen pflegt. Das bedeutet: Sie wird in der Weise in die Persönlichkeit eingebaut, daß sie als etwas erlebt wird, was dem Menschen ureigen ist. Und das bedeutet ja, daß so, wie der Einzelne von der Gesellschaft geformt ist, die Gesellschaft im Individuum zugegen ist.

Man muß sich an diesem Punkt natürlich klarmachen, was mit »Gesellschaft« eigentlich gemeint ist, denn darunter läßt sich ja Verschiedenerlei verstehen. Eine Gesellschaft ist sichtbar in ihrer äußeren, materiellen Strukur, d.h. in Gebäuden, Wegenetzen, Brücken und dergleichen mehr. »Infrastruktur einer Gesellschaft« nennt man das. Doch damit haben wir natürlich noch nicht die Gesellschaft als solche, sondern nur ihre materielle Erscheinung. Gesellschaft, das ist auch die Summe verschiedener gesellschaftlicher Institutionen: Krankenhäuser, Schulen, Rathäuser, Kirchen, Kasernen etc. Gebäude und Einrichtungen also, die nur einen Sinn haben, wenn man sie vor dem Hintergrund der Aktivitäten sieht, für die sie da sind. Aber auch das ist im Grunde nicht »die Gesellschaft«, sondern die Kanalisierung und feste Organisierung der vielen Funktionen, die eine Gesellschaft hat. Gesellschaft in der engeren Bedeutung, mit der wir es in diesem Zusammenhang zu tun haben, ist die tatsächliche Gemeinschaft der Mitglieder der Gesellschaft, die ganze Flut von Lebensanschauungen, Ideal-Bildungen, Werten, Verhaltensnormen, unsere Gefühle für, Einschätzung von und Einstellung zueinander, das, zu dem wir uns in unserem gemeinsamen Leben selbst und gegenseitig machen. Und Gesellschaft in diesem Sinne gibt es ja eigentlich nirgends als konkrete Größe. Nur im einzelnen Menschen läßt sie sich erkennen, in seinem Bewußtsein und in seiner Lebensgestaltung. Was wiederum bedeutet, daß die Gesellschaft in jedem einzelnen Individuum zu finden ist - doch jedesmal in der persönlichen Art dieses einzelnen Menschen, in dieser seiner ganz eigenen Gestalt.

Deshalb ist es naheliegend, daß wir mit der Einheit beginnen, die Individuum und Gesellschaft bilden. »Gesellschaft« wird bei Kierkegaard oft als das »Allgemeine« bezeichnet oder als das »Allgemein- Menschliche«. Wir halten also fest, daß unser Ausgangspunkt die Einheit von Allgemeinem und Individuellem ist. Wenn diese Einheit in authentischer Weise besteht, ist der Mensch wirklich Mensch.

IV Die verlorene Wirklichkeit

Kierkegaard behauptet, daß die Einheit von Individuum und Gesellschaft nie von vornherein authentisch vorhanden ist, oder: daß der Mensch nie damit beginnt, im wahren Sinne Mensch zu sein. Es gehört zu den Bedingungen unseres Lebens, daß wir zwar im banalen Sinn als Menschen geboren werden, daß dies in Wirklichkeit aber nur bedeutet, daß wir als die *Möglichkeit* geboren sind, Menschen zu *werden*. Wir sind erst dann wirklich Menschen, wenn wir uns dazu gemacht haben. Und diesen Prozeß des Sich-dazu-Machens durchzuführen, ist die Aufgabe von existentieller, ethischer und religiöser Bedeutung, die jedem Menschen gestellt ist. Sie unterscheidet sich von allen anderen denkbaren Aufgaben dadurch, daß sie gleich leicht oder gleich schwer für jeden einzelnen ist. Um sie zu erfüllen bedarf es keiner besonderen Eigenschaften, die ja bekanntermaßen sehr ungleich unter den Menschen verteilt sind: Klugheit, Entschlußkraft, Willensstärke oder ähnliches. Gefordert ist damit einzig und allein die Menschlichkeit, die das Allgemeine in einem jeden Menschen ist.

Der Mensch beginnt also im Grunde damit, eine Möglichkeit zu sein. Er besitzt die Möglichkeit, ein authentischer Mensch zu werden. Nichts desto trotz hat und ist er jedoch von Anfang an auch Wirklichkeit - so, wie er ist, dieser konkrete Mensch mit diesen und jenen angeborenen Anlagen und diesem oder jenem Platz in einer bestimmten Gesellschaft. Er ist ein wirklicher, konkreter Mensch und gleichzeitig doch nur die existentielle, ethische und religiöse Möglichkeit, ein authentischer Mensch zu werden. Wie läßt sich diese faktisch vorliegende Wirklichkeit, die Wirklichkeit also, mit der wir es vor ihrer Verwandlung zu einer verwirklichten Wirklichkeit zu tun haben, nun genauer beschreiben?

Kierkegaard braucht dazu viele Worte. Er kann von »Unmittelbarkeit«, »Unschuld« und vielem anderen mehr reden. Die Bezeichnungen, die er verwendet, haben nicht alle dieselbe Bedeutung. Sie versuchen, denselben Sachverhalt zu beschreiben, betrachten ihn jedoch von verschiedenen Blickwinkeln aus. Unter den vielen Bezeichnungen will ich mich an eine halten, die in sich selbst schon eine Beurteilung enthält: »Die unmittelbar gegebene Wirklichkeit des Menschen ist eine verlorene Wirklichkeit.« Der Mensch, der in der Unmittelbarkeit lebt, lebt in Verlorenheit oder Verdammnis. Es ist offenbar, daß in diesem Wort einiges mehr liegt als auf den ersten Blick zu erkennen ist. Möglichkeit als solche muß ja nicht identisch sein mit verlorener Wirklichkeit. Doch wodurch wird die unmittelbar gegebene Wirklichkeit zur Verlorenheit? Die Antwort hierauf sollte eigentlich aus dem hervorgegangen sein, was ich oben bereits gesagt habe; ich kann es jedoch noch vertiefen, indem ich einen anderen Begriff einführe, der ebenfalls eine zentrale Stellung bei Kierkegaard einnimmt, nämlich den Begriff »selbst«. Der Mensch soll er selbst sein oder: Der Mensch soll ein Selbst sein. Der Verwirklichungsprozeß besteht darin, daß der Mensch zwar schon von Anfang an etwas ganz Bestimmtes ist: diese bestimmten Anlagen nämlich und diese umweltbedingten Gegebenheiten, daß er dies jedoch erst da wirklich wird, wo er sich damit identifiziert, alle Elemente der vorgegebenen Wirklichkeit zu *seinen eigenen macht.*

Wenn der Mensch den Verwirklichungsprozeß nicht durchführt, bleibt das Selbst aus. Er wird nicht identisch mit sich selbst, sondern verliert sich an all das Viele, was er unmittelbar ist. Oder: Der Mensch wird nie etwas anderes als die Summe all dessen, was er unmittelbar ist. Und das heißt ja, daß er das bloße, bewußtlose Produkt all der äußeren und inneren Kräfte wird, die den tatsächlichen Inhalt dieses konkreten Menschen bestimmen.

Und in diesem Zustand beginnt jeder Mensch: Als Rädchen in einer Maschinerie, gezwungen, so zu funktionieren, wie die Maschinerie es ihm vorschreibt.

Daß dies die Situation ist, in der er lebt, weiß der Mensch natürlich nicht ohne weiteres. Um sie durchschauen zu können, bedarf es erst einer kritischen Reflexion. Daher lebt der Mensch auch in der Regel glücklich drauflos, läßt sich in Anspruch nehmen vom Leben und dessen vielfältigen Beschäftigungen, durchläuft eine Ausbildung, etabliert sich als dieser oder jener in seiner sozialen Umwelt, gründet eine Familie und wird ein Mensch, der genau den Vorstellungen entspricht, die die jeweilige Zeit von einem richtigen Menschen hat.

Doch derart verloren zu sein ohne es zu wissen, heißt, in einem einzigen gewaltigen Selbstbetrug zu leben. Der Mensch ist ganz und gar bestimmt von einer Unzahl verschiedener Faktoren, von Vererbung und Umwelteinflüssen, um diese griffige, aber nicht ganz glückliche Formulierung zu gebrauchen. Sich selbst bildet er indessen etwas ganz anderes ein: daß er selbständig - frei - seine Entscheidungen treffe, daß er sein eigener Herr sei und sein Leben selbst bestimme. Rein faktisch trifft er ja tatsächlich Entscheidungen, von einem Augenblick zum anderen, hat sich im Griff und bestimmt für sich selbst das Tempo. Er kann natürlich in Situationen kommen, in denen die Umstände ihn zwingen, etwas zu tun, was er selbst nicht will, aber in diesem Fall ist er sich der Tatsache bewußt, daß er hier also gezwungenermaßen etwas machen muß. Was ja gerade zu beweisen scheint, daß er sonst, in anderen Situationen, sein eigener Herr ist und für sich selbst bestimmt.

Das Musterbeispiel solch eines Menschen ist der typische geschäftige, extravertierte, selbstbewußte und mündige Bürger, die unabhängige und erfolgreiche Idealfigur des bürgerlichen Zeitalters. Kierkegaard bezeichnet diesen Menschen denn auch als Bürger, allerdings mit einer Hinzufügung, die den Selbstbetrug, die Verlorenheit und das Bornierte andeutet: Er nennt ihn den »Spießbürger«.

Diese Bezeichnung darf freilich nicht mißverstanden werden. In der dänischen Literatur der Zeit Kierkegaards findet sich eine ganze Reihe von Figuren, die man als Spießbürger bezeichnen kann. In der romantischen und spätromantischen Literatur liebt man es, seinen romantischen Gestalten - den jungen Liebenden zum Beispiel - satte, unromantische Bürgerfamilien gegenüberzustellen.

Wenn Kierkegaard jedoch vom Spießbürger spricht, dann denkt er dabei nicht an eine leicht komische Figur. Das wäre zu billig und zu oberflächlich. Der Spießbürger Kierkegaards kann ohne weiteres eine besonders hervortretende Persönlichkeit sein, eine bedeutende Stellung in der Gesellschaft einnehmen, außerordentlich begabt sein und interessiert an Kunst und Literatur. Er kann praktisch alles sein, denn es ist unmöglich, einem Menschen von außen anzusehen, ob er Spießbürger ist oder nicht.

Das Spießbürgerliche am Spießbürger besteht darin, daß er vorbehaltlos und ausschließlich - doch ohne dies zu ahnen - genau das ist, wozu die gegebene Gesellschaft und ihre Kultur einen Menschen mit seinen Voraussetzungen unausweichlich macht. Ein Spießbürger lebt in der Illusion, er selbst habe in aller Freiheit die Entschlüsse gefaßt, die jedoch in Wirklichkeit anonyme Kräfte für ihn trafen.

An dieser Stelle muß ich auf eine besondere literarische Pointe im Zusammenhang mit der Rolle aufmerksam machen, die der Spießbürger in Kierkegaards Verfasserschaft spielt. Es ist ja sonst typisch für Kierkegaard, daß er nicht nur eine mögliche Lebenseinstellung schildert, sondern einen pseudonymen Verfasser erfindet, der selbst die Lebenseinstellung repräsentiert, die er beschreibt oder analysiert. Damit werde ich mich noch ausführlich beschäftigen. Doch beim Spießbürger macht er eine Ausnahme. Obwohl dieser eine ganz fundamentale Figur in Kierkegaards Galerie von Vertretern verschiedener Lebenseinstellungen ist, hat er doch niemals einen spießbürgerlichen Verfasser erfunden und ihm das Wort erteilt. (Diejenigen fiktiven Autoren, die - oft höhnisch herablassend - über den Spießbürger schreiben, sind von ganz anderem Guß). Wieso eigentlich? Vermutlich, weil ein Spießbürger überhaupt nicht in der Lage wäre, über sich selbst als Spießbürger zu schreiben. Er ist Spießbürger ohne davon zu wissen. Man kann auch sagen, daß in dem Moment, wo ein Spießbürger sich selbst bewußt als solchen beschreiben kann, er einfach aus diesem Grunde nicht mehr länger Spießbürger ist. Im selben Moment, wo er sich selbst in dieser Rolle erkennt und ihm bewußt wird, was sie für ihn bedeutet, verwandelt er sich in etwas ganz anderes. Er wird zum Ästhetiker - in Kierkegaards besonderer Bedeutung des Wortes.

Doch zurück zum Spießbürger! Ich habe vorläufig festgestellt, daß sein erster typischer Zug darin besteht, daß er nicht wählen kann. Das wirkt natürlich verwunderlich, denn unmittelbar scheint es ja genau das zu sein, womit er die ganze Zeit beschäftigt ist. Er hat sich ins Leben gestürzt, gemäß den Voraussetzungen, die ihm vorgegeben sind, hat die Beschäftigungen und Herausforderungen dieses Lebens in Angriff genommen und ist in vollem Gange, Entschlüsse zu fassen und Handlungen auszuführen. Doch das alles ist purer Selbstbetrug. In Wirklichkeit steuern anonyme Kräfte, seine angeborenen Voraussetzungen und die unüberschaubaren Umweltfaktoren, seine Entscheidungen und sein Tun.

Im Grunde spukt hier die alte Diskussion über die Frage nach dem freien Willen im Hintergrund herum. Wille und Freiheit sind Begriffe von weitreichender Bedeutung in Kierkegaards Vorstellungswelt, und wir werden noch ausführlich Gelegenheit haben, darauf näher einzugehen. Anders als bei Kierkegaard befinden sich diese Begriffe hier jedoch auf einer ganz und gar oberflächlichen und vorläufigen Ebene, genau auf der Ebene, auf der sich die alte Diskussion in der Regel abspielt. Man pflegt die Frage nämlich folgendermaßen zu stellen: Daß der Mensch durch eine sehr große Anzahl von Faktoren in seinem Handeln beeinflußt wird, lasse sich nicht bestreiten: durch seine Anlagen, Neigungen, Vorlieben, durch Traditionen, frühere Erlebnisse, Druck der Umwelt usw. Aber, so fragt man, bleibt nicht doch ein ganz kleiner Rest zurück, ein Bereich, in dem der Mensch in Freiheit selbst bestimmen kann, ein Stück freien Willens, kraft dessen man eine wirkliche Entscheidung treffen kann: ganz unabhängig von all diesen anderen bestimmenden - determinierenden - Umweltfaktoren?

Darüber läßt sich dann lange und ausführlich streiten. Kierkegaard tut das nicht. Für ihn gibt es in dieser Angelegenheit keinen Zweifel: Wenn man die Frage so stellt, dann ist sie Unfug und alles Reden von freiem Willen sinnloses Geschwätz. Von diesem Einfallswinkel aus gesehen und mit der so formulierten Problemstellung funktioniert der Mensch mit derselben Notwendigkeit, wie jeder andere biologische Organismus. Das Besondere am Menschen liegt lediglich darin, daß die angelernten Verhaltensweisen, die bedingten Reflexe, eine weitaus größere Rolle spielen als die instinktive Ausrüstung. Doch das macht keinen Unterschied, was die Frage des freien Willens anbelangt.

Die Gewißheit des Spießbürgers, sein eigener Herr zu sein, ist also eine Illusion. Er kann nur die Entscheidung treffen, die bereits von den anonymen Kräften getroffen ist. Wenn er sich als Geschäftsmann dazu entschließt, eine Filiale in Hamburg-Pöseldorf zu eröffnen, wird er dabei vom Marktmechanismus und den wirtschaftlichen Kräften gelenkt. Wenn er sich dafür entscheidet, seine Sommerferien im westindischen Ozean zu verbringen, dann wird er dabei vom sozialen Druck geleitet, der einem Mann in seiner Position gebietet, halt dort Urlaub zu machen und nicht auf einem Bauernhof im Sauerland, das ja bekanntermaßen auch seine Reize hat. Dasselbe gilt in allen anderen Bereichen, wo es so aussieht, als treffe er selbst seine Entscheidungen und als handele er völlig frei: Überall wird er gelenkt von einem umfassenden kybernetischen System, von dessen Existenz er nicht einmal ahnt. Der Spießbürger kann nicht dazu kommen, sich selbst zu wählen, denn er hat kein Selbst. Er wird verwaltet von übergeordneten Mächten. Mitten in all seiner Mündigkeit ist er entmündigt. Und Spießbürger, das dürfen wir nicht vergessen, sind wir alle, wenn wir nicht den Verwirklichungsprozeß durchgeführt haben.

Doch damit ist die Sache mit dem Spießbürger noch nicht zuende. Daß er schlicht und einfach die Einheit von Individuum und Gesellschaft ist, bewirkt eine andere Art von Verlorenheit. Eine Gesellschaft ist ja eine rein geschichtliche Größe, die sich von einer Epoche zur anderen radikal verändert und die sich ebenso radikal von anderen existierenden Gesellschaften an anderen Orten der Welt unterscheiden kann. So gibt es beispielsweise keine sonderlich starken Parallelen zwischen uns hier in Westeuropa und afghanischen Bergstämmen oder welche andere Gesellschaft man auch immer anführen mag. Eine Tatsache, die, wie wir ja alle wissen, die größten Schwierigkeiten in einer Zeit mit sich bringt, in der die internationalen Beziehungen so stark und vielfältig geworden sind. Genauso wenig finden sich allzu viele Ähnlichkeiten zwischen uns heutzutage und unseren Urahnen aus der Zeit der Wikinger. Dabei handelt sich natürlich nicht nur um äußere Verschiedenartigkeiten, die z.B. in der Art, sein Haus einzurichten, zum Ausdruck kommen, in den Eßgewohnheiten oder im Beruf. Der Unterschied reicht tiefer, umfaßt die gesamte Lebenseinstellung.

All dies würfe zwar Probleme auf, würde aber nicht unbedingt gleichbedeutend sein mit Verlorenheit, wenn die Gesellschaft für den einzelnen Menschen lediglich ein Ort wäre, an dem er sich ganz unverbindlich aufhielte. Doch wenn der Mensch die Einheit von Individuum und Gesellschaft darstellt, ist die Anfechtung unvermeidlich. Unter diesen Umständen sieht es nicht danach aus, daß es eine Grenze dafür gibt, welche Größe der Mensch sein kann oder: Es scheint sich so zu verhalten, daß es nichts gibt, kein Etwas, worauf sich zeigen ließe als das Feste, Unveränderliche, »Ewige« im Menschen. Man kann nicht generell und im vorhinein sagen, was ein Mensch ist. Zuerst muß man sich danach umhören, »welcher Marktpreis für einen Menschen« denn gerade gilt, wie Kierkegaard sich ausdrückt. In einer Sklavengesellschaft ist der Marktwert von Menschen überaus gering. Anders sieht es hingegen bei uns aus, denn wir haben angefangen, über Menschenrechte zu reden und über Menschenwürde.

Der Mensch ist verloren an das Geschichtliche, und das heißt: an das Willkürliche und Relative, das Zufällige. Die wirkliche Anfechtung besteht in dieser Situation, wie bereits erwähnt, nicht im mehr Äußerlichen - wie wir wohnen, was wir essen, ob wir Bauern sind oder Fabrikarbeiter -, sondern im Tragenden selbst, in der Lebensgrundlage, der Ansicht vom und Haltung zum Leben. Oder, um es so auszudrücken, wie Kierkegaard es lieber tut: Die wirkliche Anfechtung betrifft das Ethische, den Gegensatz von Gut und Böse. Denn mit Hilfe dieser Begriffe und des unüberkommbaren Gegensatzes zwischen ihnen orientieren wir uns im Leben, und von ihnen lassen wir uns in den wechselnden Lagen unseres Lebens leiten. Doch das ist nur möglich, wenn wir davon ausgehen, daß die Begriffe wirklich Gültigkeit besitzen. Man kann auch sagen, daß der ethische Gegensatz von Gut und Böse rein logisch den Anspruch auf absolute Gültigkeit erheben muß. Dieser Anspruch macht ihn zu einem *ethischen* Gegensatz: Im Unterschied zu den konventionellen Ansichten darüber, wie sich ein ordentlicher Mensch zu benehmen habe und zu den juristischen Bestimmungen darüber, wie sich ein gesetzesfürchtiger Bürger aufführen müsse. Man kann nicht einen ethischen Gegensatz von Gut und Böse behaupten und gleichzeitig einräumen, daß die Begriffe nur deshalb Geltung besäßen, weil man sie soeben als verbindlich angenommen hat. In diesem Fall hätte der Gegensatz aufgehört, ethischer Natur zu sein; er wäre konventionell geworden.

Doch das ist ja auch gerade der Fall in unserem Zusammenhang: Wenn das Leben des Menschen unabänderlich an seine Gesellschaft gebunden und diese wiederum den Wandlungen der Geschichte unterworfen ist, dann geschieht mit dem ethischen Gegensatz von Gut und Böse dasselbe wie mit allem anderen: Er muß mit der Zeit gehen und sich von Epoche zu Epoche an die neuen Verhältnisse anpassen. Was er ja schließlich auch tut. Selbst mit geringen Kenntnissen aus dem Bereich der Moralgeschichte wird einem die Unterschiedlichkeit und Vielfalt moralischer Anschauungen ins Auge fallen. Und in unserer Zeit verändert sich Moral in solch einem Tempo, daß man die Auswirkungen fast Jahr für Jahr zu spüren bekommt.

Dieser Umstand war natürlich auch Kierkegaard bekannt, und er zog daraus, ohne zu zaudern, die Konsequenzen. Mit den Definitionen von Gut und Böse, so sagt er, verhalte es sich wie mit den Quellen des Nil: Sie verlören sich im Dunkeln. Damit meint er, daß der Inhalt der Moral ganz und gar von der geschichtlichen Entwicklung abhängig sei und daß es folglich nichts »Ewiges«, Ahistorisches und Unverrückbares in den Begriffen Gut und Böse gebe, von denen wir uns in unserem täglichen Leben leiten lassen. Wenn wir uns das nicht deutlich vor Augen halten, betrügen wir uns selbst. Oder: Wir stellen fest, daß sich der Spießbürger stets etwas einbildet, was nicht stichhält.

Nun ist es eine Eigentümlichkeit in Kierkegaards Art zu denken - oder zu argumentieren -, daß er einen Gedanken jedesmal bis zu dessen äußerster Konsequenz führt. Man könnte nämlich in dieser Angelegenheit auch ein wenig moderater vorgehen und zum Beispiel sagen, daß es zwar markante Unterschiede in den moralischen Ansichten der einen Gesellschaft gegenüber denen einer anderen gebe, man aber auch nicht übersehen dürfe, daß man ebenso überraschende Parallelen finde: Man könne beispielsweise feststellen, daß es keine Gesellschaft gebe, in der es ethisch gutgeheißen werde, seine Landsleute umzubringen. Man habe es hier also mit einem fundamentalen Gegensatz von Gut und Böse zu tun, der schlechthin dem menschlichen Leben mitgegeben sei und den man deshalb ohne weiteres als ewig bezeichnen könne. Die unterschiedlichen Varianten dieser Regel, die sich im Laufe der Geschichte herausgebildet hätten, beträfen lediglich die präzisere, auf die verschiedenen Lebensbereiche zugeschnittene Ausformung oder die genaue Anwendung der Grundwahrheit. Deshalb könne man sagen, daß die moralischen Ansichten in Einzelheiten relativ seien, veränderlich von Epoche zu Epoche, daß sie im Grunde aber auf einer unverrückbaren Basis absolut geltender Begriffe beruhten. In Schwierigkeiten kann diese Auffassung jedoch in dem Moment führen, wo man daran geht, diese »ewigen« moralischen Anschauungen zu definieren und damit zu konkretisieren. Doch es wäre sicherlich nicht ganz abwegig, zu behaupten, daß all das, was das Leben fördert oder bewahrt, gut ist, während dem, was das Leben zerstört oder behindert, das Prädikat »schlecht« zugeordnet werden muß.

Ein ethischer Relativismus dieser Art findet jedoch keine Gnade vor Kierkegaards Augen. Ihm liegt nicht daran, den ethischen Gegensatz von Gut und Böse dadurch zu »retten«, daß er irgendeinen intakten Kern herausschält, der für alle Zeiten Geltung besessen habe und besitze. Stattdessen führt er den Gedanken zuende und bleibt erst stehen beim reinen Nihilismus. Wenn wir uns ausschließlich an den Inhalt von Gut und Böse halten, dann heißt die Schlußfolgerung unweigerlich: Ganz gleichgültig, welche Bedeutung man in diese Begriffe legt, so wurzeln sie doch ganz und gar in geschichtlich Bedingtem, und es fehlt ihnen daher die absolute Gültigkeit, die logischen und mathematischen Wahrheiten zueigen ist.

Dieser Umstand führt nun zu weitreichenden Konsequenzen für unseren Spießbürger. Der ethische Gegensatz zwischen Gut und Böse betrifft mehr als nur die Regelung des menschlichen Miteinanders im moralischen Bereich. Er ist in entscheidender Weise Ausdruck der Wertbestimmtheit des Daseins. Das führt mit sich, daß, wenn dieser Gegensatz also für ungültig erklärt wird, das Dasein überhaupt all seine Werte, Normen und jeglichen Sinn verliert: Nichts ist mehr wichtig, alle Anstrengungen sind vergebens und das Leben selbst endet im völlig Gleichgültigen.

Als Konsequenz ergibt sich daraus, daß der Spießbürger in Wirklichkeit als eine komische Figur dasteht. Weil er nach außen gerichtet und von den vielen Aufaben in Anspruch genommen ist, die das Leben stellt, ist er ein Mensch, der stets alle Hände voll zu tun hat. - Doch alle Hände voll zu tun zu haben in einer Welt, in der nichts wirklich Bedeutung besitzt, ist natürlich komisch. Aber das Komische am Spießbürger liegt sehr tief, ist bereits enthalten in seiner Definition; denn in allen Bereichen seines Lebens ist er in einen einzigen Selbstbetrug verwickelt. Er ist der Mensch, der konsequent nicht durchschaut hat, wer er selbst ist. Er ist falsch ausgerichtet, und seine Auffassung davon, was Leben bedeutet, ist praktisch das Gegenteil dessen, was es *tatsächlich* ist. Er hält es für bedeutsam; doch es ist bedeutungslos. Er meint, er sei ein Selbst, das in eigener Regie Entschlüsse treffe und Handlungen ausführe; doch in Wirklichkeit ist er ein Nichts, das bloße Produkt des Spiels anonymer Kräfte. Er glaubt, das Leben habe einen Sinn und man könne sich Ziele setzen, die Wichtigkeit besitzen; doch das Leben hat keinen Sinn, und jedes Ziel, das man sich setzt, ist leer und willkürlich und daher ganz und gar nichtssagend. Er glaubt, es gebe absolute Werte und ewig gültige Bestimmungen von Gut und Böse; doch in Wirklichkeit sind all diese Festlegungen kulturelle Kunstgebilde und nur gültig, weil man sie irgendwann zur Norm gemacht hat.

In diesem Sinne ist die unmittelbar vorhandene Wirklichkeit Verlorenheit. Doch das bedeutet natürlich nicht, daß es unmöglich ist, darin zu leben. Im Gegenteil: Wir beginnen alle in dieser unmittelbaren Wirklichkeit, und Kierkegaard zweifelt nicht daran, daß die meisten von uns bis ans Ende ihrer Tage an dieser Lebensform festhalten werden. Man kann damit sogar glücklich werden und ein frohes und vergnügtes Leben führen; und wenn man das tut, froh und vergnügt lebt, dann gibt es kein Argument, das etwas anderes verlangen könnte. Es ist mit anderen Worten völlig legitim, als Spießbürger zu leben - menschlich und ethisch gesehen. Und es ist wichtig, das festzuhalten.

Wenn man einen ganz bestimmten Blickwinkel wählt, dann kann man behaupten, Kierkegaard sei ein strenger Moralphilosoph. Er schraubt die »ideale Forderung« höher und höher und läßt die christliche Forderung an den Menschen letztendlich so streng werden, daß sie unmenschlich ist. Doch er tut das in seiner ganz persönlichen Art. Die ethische Forderung kann nicht einfach gestellt werden, indem man irgendeinen Wert setzt, von irgend etwas ausgeht, vielleicht von irgendeinem hohen Ideal. Kierkegaard ist kein düsterer Pietist, der Entsagung von dieser Welt und ihren Gütern verlangt. Er ist kein Anhänger asketischer Lebenseinstellungen; er ist insgesamt kein Freund von Forderungen, die nur um ihrer selbst willen gestellt werden oder weil man ein Menschenideal von überragender moralischer Vornehmheit vor Augen hat. Im Gegenteil! Kierkegaard genoß sein Leben - und das nicht nur in seiner privaten Lebensgestaltung, sondern aus philosophischem Prinzip. Das Schlüsselwort für ihn ist »Freude«. Das wahre Ziel allen Strebens liegt für ihn im tiefen und ungetrübten Sich-Freuen-Können über das Leben, darin, es in jedem Moment annehmen und genießen zu können. Ganz und gar, in vollen Zügen, absolut und bedingungslos. Ein Moralist, der mit erhobenem Zeigefinger daherkommt und Entsagung und Verwerfen der Freude verlangt, ist in Kierkegaards Augen ein ganz und gar verabscheuungswürdiger Mensch. Wer das nicht im Hinterkopf behält, mißversteht alles. Lassen Sie es mich daher noch einmal wiederholen: Kierkegaards Meinung nach besteht die selbstverständlichste aller Wahrheiten darin, daß man sich über das Leben freuen und es mit allen Sinnen genießen soll.

Die ethische Forderung, die bei Kierkegaard auftaucht und

tatsächlich immer strenger wird, um schließlich im Unmenschlichen zu enden, hat stets und in allen Punkten nur das eine Ziel vor Augen: Dem Menschen die Bedingung dafür zu geben, sich über das Leben freuen zu können, ihm diese Bedingung eventuell zurückzugeben – insofern nämlich, als er sie aus eigenartigen Gründen verloren hat.

Daher müssen wir festhalten, daß es völlig legitim ist, als Spießbürger zu leben. Es liegt wirklich nicht in Kierkegaards Absicht, nun beim Spießbürger anzuklopfen, ihm einmal ordentlich ins Gewissen zu reden und ihm deutlich zu machen, daß er so ja nun doch nicht leben dürfe und sich deswegen gefälligst zusammenzunehmen und sich ein hehres Ziel zu stecken habe, nach dem zu streben sich lohne. Das ist nicht Kierkegaards Intention. Im Gegenteil! In Wirklichkeit, unter den gegebenen Bedingungen, ist es einfach herrlich, Spießbürger zu sein, so herrlich, daß Kierkegaards gesamte Philosophie letztendlich darauf abzielt, die Bedingungen dafür zu schaffen, daß man als Spießbürger leben kann. Doch wohlgemerkt: ohne daß dies ein Leben in Verlorenheit ist! Dort, wo Kierkegaard dichterisch einen Menschen beschreibt, der den Verwirklichungs-Prozeß durchlaufen hat und im wahren Sinn Mensch geworden ist, werden wir noch deutlich erkennen können, daß der Betreffende rein äußerlich nicht von einem Spießbürger zu unterscheiden ist.

Die ethische Forderung entspringt der Tiefe oder dem Ernst, mit dem man seine Situation als Mensch begreift. Die Forderung, so können wir auch sagen, darf nicht verstanden werden als etwas, was innerhalb des Lebens seinen Platz hat, als ein Teil des Lebens. Sie taucht erst da auf, wo sich das Problem stellt, wie man überhaupt Zugang zum Leben bekommen kann. Die Forderung liegt darin, den Menschwerdungs-Prozeß durchzuführen. Für *den* Menschen, der dieses Ziel erreicht hat, wahrer Mensch geworden ist, ist die Forderung erfüllt und verschwunden. Vorausgesetzt, daß es überhaupt möglich ist, dieses Ziel zu erreichen. Woran Kierkegaard letztendlich zweifelt.

Doch, so könnte man fragen, wieso dann das ganze Theater? Wir leben alle als Spießbürger, und wenn das also in Ordnung ist, wieso können wir dann nicht einfach so weiterleben, wie bisher? Was sollen wir eigentlich mit Kierkegaards ganzer Philosophie anfangen, wenn sie zu nichts anderem taugt, als Schwierigkeiten zu machen?!

Kierkegaards Antwort ist, daß das Leben als Spießbürger nicht nur Verlorenheit bedeute, sondern Verzweiflung. Es sei hier eingeräumt, daß diese Behauptung nicht ganz einleuchtend ist. Man kann sich ja sehr wohl einen Spießbürger vorstellen, der sein Leben lang glücklich und zufrieden ist, ohne sich auch nur ansatzweise verzweifelt zu fühlen. Welchen Sinn macht es angesichts dieser Tatsache, wenn Kierkegaard behauptet, das Leben dieses Menschen sei in Wirklichkeit ein Leben in Verzweiflung? - Vielleicht sollte man sich einmal kurz bewußt machen, daß dieses Wort hier offenbar in einer anderen Bedeutung gebraucht wird als allgemein üblich. Kierkegaard meint nicht jenes Gefühl, das wir alle kennen und das wir als Verzweiflung bezeichnen; jenes Gefühl, das uns befällt, wenn alles schiefgeht, wenn sich die Katastrophen unseres Lebens einstellen, wenn uns alles nur erdenkliche Unglück trifft und wir weder Hilfe sehen noch einen Ausweg. Aber was meint Kierkegaard dann mit diesem Wort?

Eine genaue Antwort darauf zu finden, fällt nicht leicht. Kierkegaards Gedanke dabei ist jedoch, daß der Spießbürger, der sich ja an all die äußeren Dinge verloren hat, die er selbst nicht beherrscht, der sich noch nicht selbst erworben hat als ein Selbst, daß dieser Spießbürger unentrinnbar gebunden und abhängig ist von diesen äußeren Umständen. Sein Leben hat seinen Grund nicht in ihm selbst, sondern in ihnen. Solange es gut steht mit den Umständen, geht es dem Spießbürger auch gut, und er kann sich seines Lebens freuen. Sobald ihm jedoch alles mißlingt, die Rückschläge sich einstellen und Unglück ihn niederdrückt, verliert er den Halt und stürzt in den Abgrund, weil er vollkommen abhängig ist von diesen äußeren Umständen. Die folgerichtige Konsequenz daraus ist, daß er verzweifelt. Doch allein die Tatsache, ein Leben in Abhängigkeit von Umständen zu führen, die sich nicht beherrschen lassen, diese Tatsache an sich bedeutet schon ein Leben in Verzweiflung.

Kierkegaard bringt dies darin zum Ausdruck, daß er sagt, der Spießbürger habe immer die Bedingung außerhalb seiner selbst. Es ist charakteristisch für ihn, daß er sein Leben auf irgend etwas Bestimmtes gründen, dieses Bestimmte zu dem erheben muß, auf das es in seinem Leben ankommt. Kierkegaard spricht hier eine ganz gewöhnliche Erfahrung aus. Als Menschen haben wir den starken Drang, unser Leben auf irgend etwas zu gründen, uns ein Ziel zu setzen, das wir unbedingt erreichen wollen. Haben wir irgendwelche besonderen Begabungen, zum Beispiel zum Fußball- oder Geigespielen oder dazu, eine Firma zu gründen, dann machen wir das zu unserem Lebenssinn. Wir identifizieren uns damit, definieren uns selbst als hochbezahlte Fußballstars, als Geigenvirtuosen oder als erfolgreiche Geschäftsleute. Sollten wir aber feststellen, daß wir überhaupt keine besondere Begabung besitzen, dann werden wir mißmutig und spüren, daß wir nichts wert sind. Denn man ist ja erst dann etwas wert, wenn es mindestens ein Gebiet gibt, auf dem man sich hervortun kann. Kierkegaard beschreibt diese Menschen, indem er sagt, ihr Leben erhalte nur einen Wert durch die Unterschiede. Damit meint er das, worin sich die Menschen voneinander abheben, das für die Einzelnen Spezifische. Doch was passiert nun mit einem Menschen, der durch irgendein Unglück den Unterschied verliert, der ihn aus der Menge der anderen hervorhebt? Wenn der Fußballstar zum Invaliden, dem Geigenvirtuosen der linke Zeigefinger amputiert wird und der Geschäftsmann Konkurs anmelden muß? - Ja, dann werden sie von Verzweiflung gepackt. Denn sie haben praktisch ihr Leben verloren. Sie müssen sich nun irgendwie durchschlagen, doch sie werden verbittert, wehmütig, deprimiert. Es ist ein Hasardspiel, sein Leben in dieser Weise auf Unterschiede zu gründen.

Kierkegaard spielt oft an auf menschliche Lebensweisheiten. Für sie hat er nicht allzuviel übrig. Sicherlich läßt sich nicht bestreiten, daß sie auf Erfahrung beruhen und klug sind. Deshalb zielen ihre Ratschläge auch nie darauf ab, zu zeigen, wie man Schwierigkeiten löst, sondern wie man ihnen am besten aus dem Wege geht bzw. sich mit ihnen arrangiert. Und bezogen auf die Schwierigkeit, die wir im Vorhergehenden erkannt haben, gibt die Lebensweisheit den Rat, niemals auf nur einen Unterschied zu setzen. Am besten, so sagt sie, tue man daran, seinen Einsatz auf so viele Unterschiede wie möglich zu verteilen, um immer noch etwas in der Hinterhand zu haben, wenn in einem Bereich etwas schiefgehen sollte. Etwa so, wie ein kluger Geschäftsmann ja nicht alles auf eine Karte setzt, sondern seine Investitionen möglichst breit streut.

Und so halten es ja auch die meisten von uns. Wir haben nicht eine einzige überwältigende Hoffnung, sondern viele kleine, und wenn uns eine dieser kleinen Hoffnungen enttäuschen sollte, dann »blinkt eine neue auf vor unserem Auge«, wie ein norwegischer Dichter, für den Kierkegaard nicht allzuviel übrig gehabt haben dürfte, es ausgedrückt hat. Auf diese Weise können wir so einigermaßen unbeschadet durchs Leben kommen, mehr oder minder glücklich, doch auf jeden Fall ohne von Verzweiflung (im üblichen Sinne des Wortes) befallen zu werden. Und darauf kommt es dem Spießbürger ja auch an - also uns, die wir alle als Spießbürger beginnen.

V Der Ästhetiker

Der Spießbürger ist immer Spießbürger ohne selbst davon etwas zu ahnen. Sein Leben ist, wie wir festgestellt haben, ein einziger Selbstbetrug. Doch was geschieht nun mit ihm, wenn er diesen Selbstbetrug entdeckt? - Er wird von tiefer Verzweiflung ergriffen! Der Grund für diese Verzweiflung liegt nun nicht mehr in irgend etwas Einzelnem, einem bedauerlichen Ereignis oder einem Rückschlag, darin zum Beispiel, daß er sein Geld verloren hat oder seine Geliebte oder seinen Posten als Vorsitzender des Kaninchenzuchtvereins oder als Bundeskanzler. Nun wird er von Verzweiflung ergriffen, weil er entdeckt, daß sich ihm hier der Zustand offenbart, in dem er sich im Grunde die ganze Zeit schon befunden hat, daß er also schon immer in fundamentaler Weise verzweifelt war. Und hier hilft es auch nichts mehr, daß vielleicht eine neue Hoffnung vor seinem Auge aufblinkt, denn er hat es aufgegeben, sich überhaupt noch irgendeine Hoffnung zu machen.

Man kann sich die Frage stellen, was eigentlich geschehen muß, damit ein Spießbürger seinen Status als Spießbürger entdeckt. Eine konkrete Antwort läßt sich darauf jedoch nicht geben. Es können viele Ursachen zusammenwirken und zu dieser Entdeckung führen. Auf der anderen Seite kann ihm die Erkenntnis jedoch ebensogut kommen, ohne daß sich ein eigentlicher Grund dafür anführen ließe. Die Möglichkeit, daß man die Spießbürgerlichkeit seines Lebens durchschaut, besteht in jedem Moment, und der äußere Anlaß dafür, daß man zu dieser Selbsterkenntnis gelangt, kann in den unterschiedlichsten Dingen liegen. Wiederum bezieht sich Kierkegaard auf etwas, was vermutlich alle Menschen mehr oder weniger ausgeprägt kennen werden: ein plötzliches Innehalten in der Geschäftigkeit des Alltags und die unheimliche Erkenntnis, daß im Grunde alles nichtig ist, alles Streben vergebliche Eitelkeit und jeder Sinn in Gleichgültigkeit versinkt. Man kann die Stimmung von sich schütteln und sich wieder dem Leben zuwenden. Man kann aber auch wirklich innehalten und sein Leben einer genaueren Prüfung unterziehen. Einer Prüfung, die zu unerwarteten Ergebnissen führen kann.

Kierkegaards Meinung nach meldet sich in solch einem Augenblick die authentische Bedingung des Lebens zu Wort, jene Bedingung, die ich an früherer Stelle folgendermaßen beschrieben habe: Der Mensch ist am Anfang nur die bloße Möglichkeit, Mensch zu werden. Die unmittelbar gegebene, scheinbare, Wirklichkeit fällt also in einem solchen Moment der klaren Einsicht in sich zusammen. Man bekommt das bedrängende Gefühl, daß es keine Wirklichkeit mehr gibt, ein Gefühl von absoluter Leere oder der Möglichkeit, die als solche ja noch nicht Wirklichkeitsgestalt angenommen hat, obschon sie auf der anderen Seite auch kein reines Nichts ist. Wir stehen mit anderen Worten in einer Schlüsselsituation, an jenem kritischen Punkt, an dem sich für den Einzelnen die Frage stellt, ob er dazu bereit ist, den Verwirklichungsprozeß durchzuführen. Und Kierkegaard unterstreicht, daß das, was den Menschen in diesem verzweifelten Augenblick befällt, Angst ist. Ihr Gegenstand ist dieses: das Nichts, die Möglichkeit, die wiederum die Möglichkeit zur authentischen Freiheit wird.

Mit diesen Bemerkungen bin ich jedoch schon ein wenig zu weit gegangen. Kierkegaard beschreibt die Entwicklung sorgfältig, Schritt für Schritt, und wir sind vorläufig nicht weiter gekommen als bis zu dem angsterfüllten Moment, in dem der Spießbürger sich seiner Rolle bewußt wird und der Tatsache ins Auge sehen muß, daß all das, woran er sein Leben gehängt hat, im Grunde nichtig und daß das Dasein eine einzige Leere ist. Was, so müssen wir uns fragen, geschieht nun mit ihm, wenn er diese Stimmung nicht einfach abschüttelt und zurückflieht in sein seichtes Spießbürgerleben? Ich habe es bereits erwähnt: Er wird zum Ästhetiker.

Wie gesagt: Kierkegaard ist ein schwieriger Schriftsteller. Nun schon wieder solch ein uneindeutiges Wort: »Ästhetiker« - was meint er eigentlich damit? Im Grunde würde das eine Untersuchung für sich erfordern, denn Kierkegaard verwendet den Ausdruck »ästhetisch« bzw. »Ästhetiker« in verschiedener Weise.

Das Wort stammt aus dem Griechischen. »Aisthesis« bedeutet »Wahrnehmung«, also ganz direkt verstanden: mit seinen Sinnen die äußere, erkennbare Welt ergreifen. Im 18. Jahrhundert erhielt das Wort jedoch die Bedeutung, in der wir es heute allgemein verstehen: in die Richtung von »das Schöne« gehend, insbesondere bezogen auf das künstlerisch Schöne. Unter diesen Umständen wird ein Ästhetiker zum Kunstkenner, zu jemandem, der Sinn für künstlerische Werte hat und in umfassenderer Bedeutung zu einem Menschen, für den die Schönheit das Beherrschende im Leben ist.

Bei Kant findet sich eine sehr eigentümliche Bestimmung des ästhetischen Genusses, des Genusses also, von dem man ergriffen wird, wenn man dem Schönen von Angesicht zu Angesicht gegenübersteht, sowohl in der Natur als auch in der Kunst. Kant behauptet, dieser Genuß müsse bestimmt werden als ein uninteressiertes Wohlgefallen. Für ihn hat diese Definition eine sehr tiefgehende Bedeutung, auf die ich noch zu sprechen kommen werde. Das, was Kierkegaard mit dem Wort meint, läßt sich folgendermaßen ausdrücken: Der ästhetische Genuß ist ein uninteressiertes Wohlgefallen, weil das Schöne uns nicht zu irgendeiner Anstrengung herausfordert. Es ist bereits geordnet; deshalb ist es schön. Folglich brauchen wir uns nicht damit abzumühen, etwas in Ordnung zu bringen und zu etwas Schönem zu machen. Stattdessen können wir uns in aller Ruhe dem Genuß hingeben.

Man darf also nicht das Wort »uninteressiert« im Zusammenhang mit »uninteressiertem Wohlgefallen« mißverstehen. Es bedeutet nicht, daß man sich uninteressiert im herkömmlichen Sinn des Wortes verhält, denn gerade das tut man ja nicht - zumindest, wenn man tatsächlich Ästhetiker ist. Es will jedoch sagen, daß man sich nicht aktiv zu engagieren braucht, sondern lediglich genießen soll. Um es ganz banal zu sagen: Wenn man im Theater einer grimmigen Tragödie beiwohnt, kann man das genießen, weil man ja nicht dazu aufgefordert ist, mutig einzugreifen und den sich in Not Befindenden seine Hilfe zuteil werden zu lassen. Man verhält sich uninteressiert im oben beschriebenen Sinne.

In seinem vielschichtigen Gebrauch des Wortes »ästhetisch« bezieht sich Kierkegaard, oft in etwas unbestimmter Weise, auf alle oben angeführten Definitionsmöglichkeiten. Unter »ästhetisch« kann er das tatsächlich Vorhandene verstehen, das, was man greifen, befühlen und - im direkten Sinne des Wortes - in Augenschein nehmen kann. Die Betonung liegt hier also auf der ursprünglichen Bedeutung, dem sinnlich Wahrnehmbaren. Wenn er in diesem Zusammenhang vom Ästhetischen im Menschen spricht, dann meint er im Grunde das, was ich oben dargelegt habe, allen Inhalt, der die unmittelbar gegebene Wirklichkeit des Menschen ausmacht; außerdem alle besonderen Fähigkeiten und Anlagen sowie die Stellung des Betreffenden in der Gesellschaft, mit anderen Worten: Vererbung und umweltbedingte Einflüsse.

Aber auch, wenn Kierkegaard das Wort »ästhetisch« in diesem Sinn gebraucht, gilt es, Nebenbedeutungen zu beachten. Das Ästhetische im Menschen ist das unmittelbar Gegebene, aber mit dem Beiklang des Genußvollen, Schönen, der Lebensfreude. Deshalb darf man es auch nicht einfach verwerfen, Verzicht leisten und etwa Asket werden. Wenn eine Lebenseinstellung das Ästhetische nicht retten oder beibehalten kann, verliert sie ihre Daseinsberechtigung.

Wenn Kierkegard nun behauptet, daß der Spießbürger, der seine Rolle durchschaut und deshalb definitiv verzweifelt, Ästhetiker wird, dann muß dieser Ausdruck einen neuen und besonderen Inhalt erhalten haben. Im folgenden wollen wir uns diesem neuen Inhalt zuwenden und unser Augenmerk darauf richten, was für ein Mensch dieser Ästhetiker eigentlich ist.

Kierkegaard hat eine ganze Reihe von Ästhetikern erfunden. Sie treten bereits in »Entweder - Oder« auf, wenn auch etwas anonym. Nur einer von ihnen, Johannes der Verführer, wird beim Namen genannt, und von ihm distanzieren sich die anderen Ästhetiker in gewisser Weise, weil er ein Stück zu weit geht. Die anderen bleiben namenlos; sie werden unter die recht nichtssagende Sammelbezeichnung »A« zusammengefaßt. Später, in den »Stadien auf dem Lebensweg«, treten sie wieder in Erscheinung, und dort bekommen wir dann auch etwas genauere Auskunft über sie; sowohl darüber, wie sie heißen, als auch darüber, was für Menschen sie sind. Wir erfahren sogar, daß einer von ihnen, Constantin Constantius, ein Buch geschrieben hat, »Die Wiederholung«. Ansonsten bilden sie eine Art Klub oder Bruderschaft, locker und unverbindlich, denn schließlich sind sie in ganz ausgeprägter Weise Individualisten.

Auffallend wirkt übrigens, daß die Mitglieder des A-Klubs Kierkegaard selbst in gewisser Weise ähneln: Sie müssen wohlhabend sein, denn sie sind ausgesprochene Müßiggänger, unabhängig und Ästhetiker in dem Sinne, daß sie Kenner auf dem Gebiet der Literatur, des Theaters und der Oper sind. Ganz besondere Verehrung bringen sie Mozart entgegen. Doch wenn sie als Ästhetiker bezeichnet werden, dann hat das eine andere und tiefere Bedeutung.

Die Voraussetzung dafür, daß sie ein Leben als unabhängige Müßiggänger führen können, liegt gewiß darin, daß sie vermögend sind. Der ausschlaggebende Grund für diesen Lebensstil ist das jedoch nicht. Sie sind Müßiggänger aus Prinzip. Wir haben es ja hier mit ehemaligen Spießbürgern zu tun, die alle Illusionen durchschaut haben. Im Grunde und letztendlich ist das Leben ein absolutes Nichts für sie. Es ist leer, und alles in und an ihm ist unendlich gleichgültig, das eine nicht schlimmer oder besser als das andere. Das Lächerlichste, was man sich vorstellen könnte, wäre daher, etwas ernst zu nehmen, sich zu engagieren. Nur Spießbürger tun so etwas. Nebenbei bemerkt erhalten wir gerade durch die vielen ironischen und satirischen Ausbrüche der Ästhetiker einen Eindruck vom Geheimnis des Spießbürgers.

In diesen Ausbrüchen wird jedoch auch deutlich, wieso die Ästhetiker »Ästhetiker« genannt werden: Nämlich deshalb, weil sie sich aus Prinzip nicht engagieren, weil sie bewußt uninteressiert sind. Kierkegaards Ästhetiker verhalten sich zum Leben genauso wie wir anderen uns zu einer Theateraufführung verhalten: Sie lehnen sich - im übertragenen Sinne - im Sessel zurück und beobachten das Leben, wie es sich vor ihren Augen abspielt. Einhellig gelangen sie dann zu dem Ergebnis, daß es sich bei dem, was ihnen da vorgeführt wird, weder um eine Tragödie noch um eine Komödie handelt, sondern um eine Farce, eine Burleske, ein groteskes Stück absurder Dramatik, ohne Hand und Fuß, zusammenhangslos und ohne Sinn. Diese Vorführung ernst zu nehmen, selbst aktiv darin mitzuwirken, sich in irgendeiner Weise zu engagieren: das wäre reiner Wahnsinn.

Kierkegaard kommt es darauf an zu zeigen, wie es unter diesen Umständen geradezu logisch unmöglich wird, eine Wahl zu treffen. Wir erinnern uns, in welcher Lage sich in dieser Hinsicht der Spießbürger befand: Er bildete sich ein, frei entscheiden zu können; das tat er ja schließlich jeden Tag. Doch damit betrog er sich selbst, denn in Wirklichkeit waren es ja die Umstände, die anonymen Kräfte, die für ihn die Wahl trafen. Mit dem Ästhetiker verhält es sich anders. Er hat die Gleichgültigkeit, die alles prägt, durchschaut. Doch das bedeutet, daß alles im wahren Sinne des Wortes »gleich-gültig« ist - und wie soll man da sinnvoll das eine wählen können anstatt eines anderen? Wenn man sich ebensogut für das eine wie für das andere entscheiden kann, dann wird es unsinnig, überhaupt zu wählen. Eine Wahl führt zu nichts, sie ist ein Schlag ins Leere.

Über dieses Problem läßt Kierkegaard seine ästhetischen Autoren viele burleske Betrachtungen anstellen. Die berühmteste Stelle ist zweifellos der unvergleichliche »Vortrag«, der Aufschluß darüber gibt, was ein Ästhetiker unter dem Titel des umfangreichen Werkes versteht, in dem sich dieser Abschnitt befindet: »Entweder - Oder«. »Heirate,« so heißt es hier, »und Du wirst es bereuen! Heirate nicht, und Du wirst es bereuen! Ob Du nun heiratest oder nicht heiratest: Du wirst beides bereuen!« Darüber kann sich der ästhetische Verfasser sehr breit auslassen. Und er fährt fort und führt weitere Möglichkeiten an: »Glaube einem Mädchen, und Du wirst es bereuen! Glaube ihm nicht, und Du wirst es bereuen. Erhänge Dich, und Du wirst es bereuen, erhänge Dich nicht, und Du wirst es bereuen. Ob Du Dich nun erhängst oder nicht, Du wirst beides bereuen!« Das ist ein vergnügliches Stück äquilibristischer Logik.

Die Pointe liegt bei all dem darin, daß die logische Bezeichnung »entweder - oder« ja eine Disjunktion darstellt, eine Aufstellung alternativer Möglichkeiten, die dazu zwingt, einen Entschluß zu fassen und eine dieser Möglichkeiten zu wählen. In alltäglichen Situationen kann das sehr harmlos sein. Man kann zu jemandem sagen: »Du mußt entweder den Bus nehmen oder den Zug!«, aber der Betreffende kann sich ja auch für etwas ganz anderes entscheiden und zum Beispiel ein Taxi nehmen oder zuhause bleiben. Man kann das Problem jedoch auch so konstruieren, daß es zu einem Dilemma wird. Und genau das tut Kierkegaard. Entweder heiratet man oder man heiratet nicht. Eine dritte Möglichkeit gibt es nicht, und man kann sich unmöglich der Wahl entziehen. Überdies hat es Folgen von weitreichendster Bedeutung, ob man sich nun für das eine entscheidet oder für das andere.

Doch was stellt Kierkegaards Ästhetiker nun mit der Disjunktion bzw. mit dem Dilemma an? Er hebt sie auf, erklärt sie für ungültig, und zwar indem er behauptet, daß, gleichgültig, für was man sich auch entscheidet, dies überhaupt keine Konsequenzen habe. Oder genauer: daß es dieselbe Konsequenz habe, egal, ob man die eine Möglichkeit wählt oder die andere. Und diese einzige Konsequenz bestehe darin, daß man es in beiden Fällen bereuen werde, überhaupt gewählt zu haben. Wenn aber die Konsequenz dieselbe ist, ganz unabhängig davon, ob man sich nun für die eine Möglichkeit entscheidet oder für die genau entgegengesetzte, bedeutet das, daß die Wahl als solche eine Illusion ist, eine leere Geste. Und da die Konsequenz die ist, daß man die Entscheidung in jedem Fall bereuen wird, lautet die daraus folgende Weisheit, daß man es bleiben lassen soll, überhaupt eine Wahl zu treffen. Was man ganz bestimmt auch bereuen wird!

Wenn wir uns der üblichen logischen Bezeichnungen bedienen, müssen wir feststellen, daß Kierkegaards Ästhetiker das Entweder-Oder von einer Disjunktion in eine Tautologie verwandelt: Wir haben es nicht mehr mit einer Trennung verschiedener Möglichkeiten zu tun, sondern mit der Aufhebung aller Unterschiede; sie erweisen sich allesamt als ein und dasselbe, als tautologisch.

Die einzig mögliche Lebenseinstellung, die der Lage der Dinge, wie sie hier gesehen wird, entspricht, ist die ironische, und ihr verschreibt sich der Ästhetiker denn auch mit Haut und Haaren. Ironie ist ein wichtiges Wort in Kierkegaards Begriffswelt. In seiner Dissertation behandelte er den Begriff der Ironie mit besonderem Bezug auf Sokrates. Außerdem stand er unter dem starken Einfluß des Ironieverständnisses, das bei den deutschen Romantikern eine große Rolle spielte. Ironie kann jedoch Verschiedenes bedeuten, und Kierkegaard verwendet diesen Begriff nicht in völlig eindeutiger Weise.

Ursprünglich, bei den Griechen, bezeichnete Ironie eine - nicht ganz zuverlässige - Art, sich mitzuteilen, insbesondere, vorzugeben, von etwas keine Ahnung zu haben, was man in Wirklichkeit jedoch sehr wohl weiß. So gesehen ist der Ironiker das Gegenstück zum Aufschneider. Bei Sokrates wird die Ironie gleichzeitig zur dialektisch-pädagogischen Methode und zur Lebensform. Und eben dieser Einheit von sprachlicher und existentieller Kategorie widmet Kierkegaard sein besonderes Interesse. Charakteristisch für die Ironie ist ihre Negativität. In ihr nimmt man Abstand von etwas. Die Frage ist nur, ob sie ausschließlich Negativität ist, oder ob sie nicht doch ein positives Element enthält, eine gewisse versteckte oder erwartete Akzeptierung dessen, von dem man sich eigentlich distanziert.

Für den Ästhetiker hat die Ironie ausschließlich negativen Charakter. Wenn er erst einmal die Leere des Daseins, die Unmöglichkeit jeglicher Wahl und die Sinnlosigkeit alles Tuns durchschaut hat, kann er natürlich nur Abstand nehmen und ironisch »Nein, danke!« sagen. Doch Kierkegaard läßt ihn das sehr bewußt *ironisch* sagen. Wenn einer seiner Ästhetiker zur Feder greift, dann kann man sich zurücklehnen in Erwartung eines wahren ironischen Feuerwerks. Wenn man eine Probe davon haben will, sollte man zum Beispiel den kleinen Abschnitt in »Entweder - Oder« lesen, der mit »Die Wechselwirtschaft« überschrieben ist. Dort schlägt der anonyme Ästhetiker ernsthaft zu.

Das Problem liegt indessen in der Frage, wie man überhaupt leben kann, wenn man nur rein negativ Abstand nimmt. Es ist durchaus sinnvoll, sich von etwas zu distanzieren, um sich stattdessen für etwas anderes zu entscheiden. Abstandnehmen heißt, etwas zu verlassen. Doch es ergibt nur dann

Sinn, wenn man daraufhin an einen anderen Ort gelangt - doch genau diesen Schritt tut Kierkegaards Ästhetiker ja nicht. Er begnügt sich damit, »Nein!« zu sagen und, wie es auf Neu-Deutsch heißt, »aus der Gesellschaft auszusteigen« - ohne jedoch in eine andere, alternative, Gesellschaft wieder einzusteigen. Er will prinzipiell nichts mit einer wie auch immer gearteten Gesellschaft zu tun haben. Er schwebt im reinen Nichts, und die Tatsache, daß Kierkegaards Ästhetiker eine Art Bruderschaft bilden und gemeinsam Trinkgelage abhalten, darf nicht zu dem Trugschluß verführen, sie seien eine wirkliche Gemeinschaft. Der Ästhetiker haßt jedwede Form von Kollektivismus. Er ist ein Individualist sehr extremer Prägung.

Selbst bringt er dies darin zum Ausdruck, daß er erklärt, keinen Standpunkt zu haben. Was auch ganz folgerichtig ist, denn um einen solchen überhaupt einnehmen zu können, muß man das rein Negative erst einmal überwunden haben. Erst dann bekommt man Boden unter die Füße und kann den Standpunkt, den man nun einnimmt, als Basis für eine konkrete Lebensgestaltung benutzen. Der Ästhetiker aber gleicht einem Kreisel, der nur solange aufrecht steht, wie man auf ihn einpeitscht. Aus eigener Kraft kann er sich nicht aufrichten, und sobald die Peitschenhiebe aufhören, muß er zwangsläufig umfallen.

So distanziert sich der Ästhetiker zwar ironisch von der vorgegebenen bürgerlichen Lebensweise, ist aber trotzdem auf eine seltsame Art noch immer an eben diese Lebensweise gefesselt. Denn er kann nur als der definiert werden, der Abstand nimmt von eben dieser bürgerlichen Lebensform. Und das heißt ja, daß der Befreiungsprozeß, den er in Gang zu setzen versucht, sich nicht vollenden läßt, weil er zu keinem Ziel führt. Wie ein Planet, der gezwungen ist, um die Sonne zu kreisen, muß der Ästhetiker ständig um das Dasein kreisen, an dem er nicht teilhaben will.

Doch womit vertreibt er sich unter diesen Umständen eigentlich seine Zeit? Auf der einen Seite will er nichts wissen von den vielfältigen Beschäftigungen der bürgerlichen Gesellschaft, weil sie sinnlos und lächerlich sind. Auf der anderen

Seite findet er jedoch zu keiner alternativen Lebensform, der er sich stattdessen hingeben könnte. Enthält er sich somit aller Aktivität? Sitzt er nur apathisch herum und stiert Löcher in die Luft? Natürlich nicht. Das könnte kein Mensch aushalten, und schon gar nicht einer dieser Ästhetiker, die ja ganz offensichtlich hochbegabte Menschen sind und die in Wirklichkeit voller Energie stecken. Mit was um alles in der Welt soll sich ein solcher Ästhetiker aber beschäftigen?

Der einzige Ausweg, den er finden kann, besteht darin, Theater zu spielen. Oder, wie er es ausdrückt: das Leben in eine Maskerade zu verwandeln, denn da kann man sich verkleiden, wie man will und irgendeine x-beliebige Rolle spielen - ohne zu riskieren, daß jemals Ernst daraus wird.

Zum Zeitvertreib tritt der Ästhetiker also in verschiedenen Rollen auf, und seine Genialität zeigt sich darin, daß er jede einzelne Rolle perfekt spielen kann. Doch sie zeigt sich ebenso darin, daß er seine Rolle im rechten Augenblick oder wann immer es ihm auch passen mag, wieder ablegen kann, komplett und mit einem Schlag. Die Rolle darf um alles in der Welt keine Nachwirkungen oder Konsequenzen bekommen, denn dann wäre aus ihr Ernst geworden und nach Meinung des Ästhetikers ist ein solcher Ernst einfach falsch und lächerlich. Als Johannes der Verführer sein Vorhaben zu Ende gebracht und sich Cordelia ihm bedingungslos hingegeben hat, bricht er das Verhältnis augenblicklich und ohne ein einziges Wort zu verlieren ab. Cordelia existiert danach nicht mehr in seiner Welt. Noch nicht einmal in Gedanken beschäftigt er sich mit ihr, und es fiele ihm im Traum nicht ein, sich irgendwelche Schuldgefühle zu machen. Ganz so wie der Schaupieler, der in einem Drama die Rolle des Schurken spielt, natürlich nicht hinterher von bitterer Reue gepackt wird.

Unter diesen Umständen kann der Ästhetiker seine Rollen völlig willkürlich wählen, geleitet von dem, wozu er gerade Lust hat. Es ist jedoch charakteristisch, daß er oft die Wahl seiner Rolle von den Menschen abhängig macht, mit denen er zufällig zu tun bekommt. Bei einem koketten Mädchen spielt er sofort den Verführer. Trifft er einen ehrwürdigen Geistlichen, so gibt er sich als frommer Mensch aus, der Erbauung und Andacht sucht. Gerät er in die Gesellschaft von Geschäftsleuten, so tut er sich dadurch hervor, daß er klug über Geldanlagemöglichkeiten redet. Er hat seine wahre Freude daran zu betrügen. Gleichzeitig wird hier aber auch seine immerwährende Abhängigkeit von der Welt des Spießbürgers und deren Beschäftigungen deutlich. Er kann seine Spiele nur im Rahmen der Tätigkeiten spielen, die den Inhalt dieser spießbürgerlichen Welt ausmachen.

Es leuchtet unmittelbar ein, daß sich das Leben des Ästhetikers nur auf den Moment bezieht und ohne inneren Zusammenhang ist. Er kann keinen Lebenslauf im eigentlichen Sinne vorweisen, sondern bleibt ohne Kontinuität, oder ganz einfach: er bleibt nichts. Sicherlich ist es ja auch genau das, was er will, doch gleichzeitig wird er dadurch zu einer tragischen Figur. Es ist daher sicherlich nicht falsch zu sagen, daß das Ästhetische am Ästhetiker auch darin liegt, daß es ihm wichtig ist, das Leben zu genießen, den Rahm abzuschöpfen, Freude zu suchen und Schwierigkeiten aus dem Wege zu gehen. Aber trotzdem kann man ihn nicht als einen Menschen bezeichnen, der das Leben wirklich genießt, denn wirklich genießen läßt sich das Leben auf diese Art nun einmal nicht. Seine Grundstimmung, die sehr tief liegt und die jedesmal hervorbricht, wenn die Erlebniskette auch nur einen Moment lang unterbrochen wird, ist Langeweile und Schwermut. Der Ästhetiker ist ja dadurch zum Ästhetiker geworden, daß er ernsthaft verzweifelte. Und der Verzweiflung kann er nicht mehr entkommen, sondern sie nur momentan, in kurzen Augenblicken, fernhalten oder sie verdrängen, indem er sich in irgend etwas anderes stürzt, doch ohne daß dieses andere jemals Wirklichkeit erhält.

Es ließe sich hier die Frage stellen, ob es wirklich Kierkegaards Meinung ist, daß ein Mensch auf diese Weise leben kann. Handelt es sich dabei nicht um eine rein theoretische Konstruktion, eine Art gedankliches Experiment? Es ist nicht ganz sicher, was Kierkegaard hierauf antworten würde. Auf der einen Seite schildert er diese Lebensweise als eine reale Existenzmöglichkeit. Es ist nicht schwer zu erkennen, daß sich hier romantische Einflüsse geltend gemacht haben. In gewisser Weise ist es ja die anti-bürgerliche Boheme-Gestalt, mit der wir es hier zu tun haben, und Kierkegaards Interesse besteht eigentlich darin, diese Figur in ihrer äußersten Konsequenz darzustellen - ganz so, wie er dies immer tut. Auf der anderen Seite haftet diesem Ästhetiker etwas Übergangsartiges an. Es liegt ganz und gar nicht in der Absicht Kierkegaards, daß man beim Ästhetiker innehält, in Begeisterung gerät und den Entschluß faßt, ganz genauso zu leben.

Vielleicht trifft es den Kern am besten, wenn wir sagen, daß in der Gestalt des Ästhetikers das wirkliche Urteil über die Welt des Spießbürgers gesprochen wird. Der Ästhetiker ist ja *der* Spießbürger, der entdeckt hat, daß er Spießbürger ist, und das Urteil besteht darin, daß es in dieser Situation keine andere Möglichkeit gibt als diese äußerste Verzweiflung. Das spießbürgerliche Dasein als solches hat keine Rettung zu bieten, wenn der große Selbstbetrug erst einmal entdeckt ist. So wird der Ästhetiker zu dem, der das Problem darstellt, bzw. der selbst das Problem ist. Wenn man dieses Problem nicht lösen, nicht hinauskommen kann über das Stadium des Ästhetikers, dann muß man notwendigerweise den Schluß ziehen, daß es unmöglich ist, als Mensch zu leben. In diesem Fall ist das menschliche Dasein ein hoffnungslos verlorenes Dasein.

Aber läßt sich denn auf diesen mehreren hundert Seiten, in denen ästhetische Autoren das Wort führen, nichts anderes finden, irgend etwas, was die Hoffnung begründen könnte, daß es doch möglich ist, ein Mensch in der weitergehenden Bedeutung zu werden? - Es gibt tatsächlich etwas, zumindest meiner Meinung nach. Der Ästhetiker hat sich nämlich einem Begriff zugewandt, den man in der spießbürgerlichen Welt vergeblich sucht, und den er, der Ästhetiker, daher kräftig hervorhebt. Das ist der Begriff »Leidenschaft«.

Auch an diesem Punkt steht Kierkegaard unter dem Einfluß der Romantik; ich habe dies an früherer Stelle bereits kurz angeschnitten. Die romantische Polemik gegen die völlig verbürgerlichte Welt findet häufig ihren Ausdruck gerade in einem Angriff voller Leidenschaft. Das Bürgertum ist abgestumpft, altklug, gesetzt, ohne starke Gefühle. Dem stellt die romantische Dichtung die Leidenschaft als das wahre Lebenselement gegenüber. In Leidenschaft vollbringt man die Taten, die einen zur Idealfigur im romantischen Sinne machen. Es ist die Zeit des Sturm und Drang.

Doch da, wo die Romantik sich oft recht pubertär und oberflächlich gebärdet, denkt Kierkegaard anders, tiefer. Und für ihn wird das Wort »Leidenschaft« zu einem ganz zentralen Begriff. Auf das Titelblatt von »Entweder - Oder« setzt er ein Zitat des englischen Dichters Young: »Ist allein die Vernunft getauft, sind die Leidenschaften Heiden?«. Und wenn Kierkegaard ein Motto wählt, dann kann man sicher sein, daß er damit etwas Zentrales ausdrücken will. Vielleicht kann man daher die Behauptung aufstellen, daß Kierkegaards Absicht in seinem gesamten Werk letztendlich darin besteht, die Leidenschaft zu taufen. Was nicht nur heißt, daß er sie als etwas Wichtiges und Zentrales hervorheben will, sondern auch, daß sie anerkannt werden soll als der eigentliche Kern des Christentums.

Derjenige, der die Leidenschaft entdeckt, sie entdeckt als das Innerste und Tragendste im Menschen - ist der Ästhetiker. Ohne Leidenschaft kann aus dem Menschen nichts werden, und die Aufgabe eines jeden besteht in Wirklichkeit darin, sich der Leidenschaft hinzugeben. Aber der Ästhetiker ist natürlich nicht in der Lage, sie wirklich in den Griff zu bekommen. Bei ihm wird sie wild und unregierbar wie eine Naturkatastrophe, ein Vulkanausbruch, eine Eruption. Aber bei ihm ist sie ja auch immer noch ein Heide, und es liegt begreiflicherweise nicht in der Macht des Ästhetikers, sie zu taufen. Doch immerhin hat er etwas Entscheidendes an ihr getroffen.

Die Leidenschaft ist fundamental in dem Sinne, daß sie der Vernunft vorgelagert bzw. primär ist im Verhältnis zu dieser. Zuerst ist die Leidenschaft da, die dann die Vernunft mobilisiert, um ihre Ziele zu erreichen. Das illustriert der Ästhetiker, indem er aufzeigt, daß sich die Leidenschaft gerade aufgrund ihrer Vorrangigkeit sowohl ihrem Gegenstand als auch ihrem Grund gegenüber widersprüchlich verhält.

Rein abstrakt gesehen stellt sich die Angelegenheit folgendermaßen dar: Die Leidenschaft muß notwendigerweise einen Gegenstand haben, dieses oder jenes Bestimmte, das man leidenschaftlich will. Mit derselben Notwendigkeit muß sie einen Grund dafür haben, daß sie gerade dieses Bestimmte will. Man sollte daher annehmen, daß Gegenstand und Grund die Faktoren sind, die die Leidenschaft entflammen lassen. Doch das ist ein Mißverständnis.

Es wird nicht überraschen, daß der Ästhetiker mit Vorliebe die sexuelle Leidenschaft als Beispiel heranzieht. Und in seiner Begeisterung für Mozarts Opern muß für ihn selbstverständlich Don Juan, der große erotische Verführer, zum Vorbild werden. Man sehe sich diesen Don Juan nur einmal an! Es ist ja nicht so, daß er heute mal eben ein attraktives Mädchen trifft, das dann - als Gegenstand - die Leidenschaft in ihm entflammen läßt. Und ebensowenig erweckt dieses bestimmte Mädchen in ihm die Leidenschaft aus irgendeinem besonderen Grund: Weil sie zum Beispiel eine außergewöhnlich tolle Figur hat, besonders leuchtende Augen oder irgendeine andere ganz besonders aufreizende Eigenschaft. Ganz und gar nicht, denn Don Juan begehrt, wie wir in Leporellos Registerarie erfahren, jede Frau, gleichgültig, wie alt sie ist und welche Eigenschaften sie hat. Er begehrt sie alle und von vornherein.

Das Geheimnis liegt darin, daß die sexuelle Leidenschaft von Anfang an vorhanden ist. Es bedarf keines besonders attraktiven Mädchens, um sie zu wecken. Was Kierkegaards Ästhetiker darin begründet sieht, daß die Leidenschaft, da sie von Anfang an vorhanden ist, in Wirklichkeit eine abstrakte Ideal-Figur zum Gegenstand habe, die natürlich nicht als etwas Konkretes, Sichtbares in dieser Welt existiere. Don Juan liebt die Frau als solche, die Frau schlechthin, die Idee der Weiblichkeit. Aber sie - oder diese - gibt es ja nicht in konkreter Gestalt. Sie ist eine rein ideelle Erscheinung. Deshalb bringt Don Juans erotische Leidenschaft praktisch selbst ihren Gegenstand hervor. Sobald er eine Frau trifft, gleichgültig, welche auch immer, verwandelt seine Leidenschaft sie in den Gegenstand eben dieser Leidenschaft. Und das ohne einen anderen Grund als den, daß diese Frau gerade zufälligerweise seinen Weg kreuzt. Daß sie zum Gegenstand seiner Leidenschaft wird, liegt in keiner Weise an ihr selbst, an ihrer individuellen Persönlichkeit, sondern nur daran, daß sie ein Exemplar der »Gattung« Frau ist und ihm gerade über den Weg läuft. Und diese Voraussetzung könnte genausogut jede andere Frau erfüllen.

Leidenschaft in diesem Sinne ist schöpferisch. Durch sie wird die Welt strukturiert und erhält Qualität und Inhalt, Bedeutung und Vielfalt. Nimmt man die Leidenschaft fort, so verwandelt sich die Welt in etwas völlig Gleichgültiges, alle Unterschiede verschwinden, alles wird lächerlich und bedeutungslos. Mit anderen Worten: Streicht man die Leidenschaft, so erhält man die Welt des Spießbürgers, in der alle Ziele, alles Streben, alle Anstrengungen und alle Geschäftigkeit dazu dienen, die dahinterliegende Leere zu verdecken.

Dies ist der Punkt in der Welt des Ästhetikers, an den anknüpfend sich neue Aussichten eröffnen können, die Hoffnung, daß trotzdem die Möglichkeit besteht, Mensch zu werden. Doch es ist bloß eine Hoffnung. Der Ästhetiker kann nicht aus eigener Kraft weiterkommen oder den Weg zeigen, auf dem die Hoffnung verwirklicht werden könnte. Doch wieso eigentlich nicht? - Weil die Leidenschaft in ihm wild und unregierbar ist. Im Grunde weiß er nicht, wozu er sie gebrauchen soll. Und das liegt daran, daß es ihm nicht möglich ist zu sehen, daß es etwas gibt, was für den Menschen wichtig sein könnte. Es gibt kein Ziel, das er etwa veranlagungsgemäß zu erreichen hätte. Den Begriff »Ziel« kennt der Ästhetiker nur aus der Welt des Spießbürgers, und dort wirkt er bloß lächerlich. Denn in jener Welt gibt es nur einzelne, konkrete, relative und im Grunde gleichgültige Ziele.

In gewisser Weise verwundert es, daß der Ästhetiker nicht auf den Gedanken kommt, daß es ein übergeordnetes und absolutes Ziel für jeden Menschen geben könnte. Denn in dieser Blindheit liegt der Grund für seine Verzweiflung, und deshalb sollte es eigentlich naheliegend sein, auf den Gedanken zu kommen, daß die Verzweiflung einen versteckten Sinn hat und in Wirklichkeit die Existenz von etwas anzeigt, dessen Nicht-Vorhandensein seinen Ausdruck eben in ihr, der Verzweiflung findet. Das Negative kann es nur im Verhältnis zum Positiven geben. Man kann nur sagen: »Nein, wie dunkel es doch hier ist!«, weil es etwas gibt, das »Licht« heißt. Gäbe es diesen

Begriff »Licht« nicht, dann gäbe es genausowenig den Begriff »Dunkelheit«, und allein die Tatsache, daß man davon sprechen kann, daß es hier dunkel ist, sagt indirekt aus, daß es Licht gibt in der Welt - und daß daher die Möglichkeit besteht, daß es auch hier hell werden kann.

Doch Kierkegaard muß den Ästhetiker sorgfältig daran hindern, auf diesen Gedanken zu kommen. Käme er nämlich darauf, wäre er nicht länger Ästhetiker, sondern auf dem Weg zum Ethiker. Wenn Kierkegaard ganz genau sein will, dann kann er folglich behaupten, daß wir es hier mit einer Existenzmöglichkeit im Zwischenbereich zwischen dem Ästhetiker und dem Ethiker zu tun haben. Diese Existenzmöglichkeit bezeichnet er als die des Ironikers.

Das mag verwirrend klingen. Aber es ist schließlich nicht meine Schuld, daß Kierkegaard die Bedeutung von Begriffen sehr fein nuancieren kann und daß er also im vorliegenden Zusammenhang das Wort Ironie in etwas variierender Bedeutung verwendet. Ich habe bereits darauf vorbereitet, als ich den Ironie-Begriff behandelte. Der Ästhetiker ist Ironiker in rein negativer Bedeutung. Nun haben wir es mit einem Ironiker zu tun, in dem das Positive zwar noch nicht zum Durchbruch gelangt, jedoch als Möglichkeit zu erahnen ist. Er hat den Weg aus der Verzweiflung noch nicht gefunden, ahnt aber, daß es ihn gibt und verhält sich abwartend. Er ist bereit, einen Schritt weiterzugehen, wenn er herausgefunden hat, wie das Positive schließlich die Negativität der Verzweiflung durchbrechen kann. Doch bei dieser Sorte von Ironikern handelt es sich um eine ausgesprochene Übergangserscheinung, in der sich die Bewegung vom Ästhetiker hin zum Ethiker vollzieht. Ein Ästhetiker, der das herausgefunden hat, hat sich zum Ethiker gewandelt.

VI Der Ethiker

Kierkegaards Ästhetiker waren erstens eine ganze Schar. Zweitens erfuhren wir nicht allzuviel über sie. Wir hörten einige Namen und konnten erkennen, daß wir hier ein paar recht wohlhabende Tagediebe vor uns hatten. Mit dem Ethiker ist es anders. Er ist ein ganz bestimmter Mensch, heißt Wilhelm, ist Richter am Strafgericht und im übrigen glücklicher Ehemann und Vater. Seine Verfasserschaft (2. Teil von »Entweder - Oder« und 2. Teil von »Stadien auf dem Weg des Lebens«) läßt ihn als freundlichen, kenntnisreichen Mann erscheinen, der gut und wohlformuliert schreibt - wenn auch nicht so sprudelnd wie der Ästhetiker. Wenn wir ehrlich sein sollen, müssen wir zugeben, daß dieser Wilhelm in sehr unangenehmer Weise einem authentischen Spießbürger ähnelt. Aber das ist er nun also nicht. Er ist Ethiker.

Doch dazu ist er erst geworden. Kein Mensch fängt als Ethiker an. Das haben wir bereits festgestellt. Jeder Mensch beginnt als Spießbürger, und wenn er daran nichts ändert, bleibt er es sein Leben lang. Wir können auch davon ausgehen, daß Wilhelm selbst einmal Ästhetiker gewesen ist. Er besitzt eine intime Kenntnis dessen, was solch einen Menschen charakterisiert. Das, was uns aus seiner Feder vorliegt, sind Briefe an seinen jungen Freund, den Ästhetiker A, bzw. einen von ihnen. Wilhelm kennt ihn sehr gut und ist daher in der Lage, ihm gute Ratschläge zu erteilen. Denn Wilhelm weiß aus eigener Erfahrung, wie man vom Ästhetiker zum Ethiker - und das heißt ja: zu einem wirklichen Menschen - werden kann.

Wilhelms Empfehlung an seinen jungen ästhetischen Freund mag zunächst einmal recht verblüffend klingen. Der Ästhetiker ist ja, wie wir festgestellt haben, zutiefst verzweifelt. Wilhelms Rat zielt nun darauf ab, daß er nicht nur in Verzweiflung leben, sondern die Verzweiflung wählen soll. Das wirkt überraschend. Wozu soll es gut sein, diesen Zustand auch noch zu wählen?! Kommt man da nicht vom Regen in die Traufe? Wenn man diesen Ratschlag befolgt, sich also bewußt für die Verzweiflung entscheidet - ist man dann nicht für immer darin gefangen?

Der Rat des Ethikers enthält (natürlich) noch einen tieferen Sinn. Es kann jedoch schwierig sein, diesen zu entdecken. Wir haben es hier mit einem sehr komplexen Funktionszusammenhang zu tun, den ich am besten verdeutlichen kann, wenn ich Sokrates als analogen Fall heranziehe. Sokrates erklärte ja, wie bekannt sein dürfte, daß er unwissend sei. Dabei handelte es sich um ein sehr prinzipielles Bekenntnis. Denn es meint ja nicht, daß Sokrates im Gegensatz zu allen anderen Menschen unwissend sei, sondern daß dieser Satz für alle Menschen, Sokrates eingeschlossen, Gültigkeit besitze und sich Sokrates in Wirklichkeit im Vergleich zu den anderen auszeichnete. Während die anderen nämlich glaubten, etwas zu wissen, war Sokrates der einzige, der wußte, daß er nichts wußte.

So weit, so gut. Das Überraschende ist jedoch, daß es Sokrates als großes Glück betrachtete, unwissend zu sein, weil ihm das ein Gefühl von Geborgenheit gab. Als er zum Beispiel dem Tode gegenübersteht, erklärt er, nicht zu wissen, was der Tod eigentlich sei, ob er einem traumlosen Schlaf gleiche oder die Fortsetzung des Lebens in einer jenseitigen Welt sei. Er ahnt es nicht, und *deshalb* besteht kein Grund, den Tod zu fürchten.

Diese Schlußfolgerung wird man gewöhnlicherweise nicht ziehen. Im Gegenteil: Gerade das, von dem man nichts weiß, macht in der Regel am meisten Angst. Das gilt nicht zuletzt auch für den Tod, der den Menschen in ein unbekanntes Land führt, aus dem noch niemand zurückgekehrt ist. Und es ist dieses Unbekannte, das uns alle, wie Hamlet sagt, zu Hasenfüßen macht.

Aber Sokrates' Argumentation beruht auf der nahezu vollkommen logischen Folgerung, daß es, wenn er, Sokrates, unwissend sei, ein Wissen geben müsse. Wäre dies nicht der Fall, würde es keinen Sinn machen, von Unwissenheit zu sprechen. Das Wort wäre inhaltsleer. Sokrates weiß, daß er unwissend ist, also muß es einen anderen geben, der Wissen hat. Dieser andere ist »der Gott«. So gesehen haben wir hier das schönste Verhältnis zwischen Sokrates und dem Gott. Sokrates ist unwissend, doch der Gott besitzt alles Wissen. Deshalb kann er ganz beruhigt alles dem Gott überlassen.

Eines Denkmodells dieser Art bedient sich auch Wilhelm. Wenn man nicht nur verzweifelt ist, sondern die Verzweiflung wählt, muß es den entgegengesetzten positiven Begriff auch geben, und zwar bei einer Instanz außerhalb des menschlichen Bereichs, einer Instanz, die einer Dimension angehört, in der alles positiv, wahr, unvergänglich und ewig ist. Diese Instanz ist natürlich Gott.

Lassen Sie mich an dieser Stelle auf etwas hinweisen, was nicht ganz unwesentlich ist. Alle wissen, daß Kierkegaard ein religiöser Schriftsteller und Denker ist - und wohlgemerkt in dem Sinne, daß das Religiöse das eigentliche Thema seines Denkens darstellt. Trotzdem wird erst jetzt, an diesem recht späten Punkt seiner vorwärtsschreitenden Argumentation, das Religiöse überhaupt erwähnt. Bisher ist nicht einmal der Name Gott vorgekommen. Darin liegt etwas, was bezeichnend für Kierkegaards Methode ist: Obwohl er als religiöser Denker davon ausgehen muß, daß Gott das Übergeordnete, Absolute, Allbestimmende und alles Erhaltende ist, kann er in seinem Denken nicht mit ihm beginnen, denn dort, wo er anfangen muß, im ganz Einfachen und ganz Konkreten, gibt es Gott gerade nicht.

Der Begriff Gott kann unter keinen Umständen Ausgangspunkt sein, so wie dies die spekulative Philosophie oft fälschlicherweise angenommen hat. Im Gegenteil: »Gott« ist »etwas«, worauf man in seiner Argumentation erst an irgendeiner Stelle stoßen muß. Und wenn man dies nicht tut, dann ist das Wort »Gott« inhaltsleer, es existiert im Grunde gar nicht - und in diesem Fall kann man es nur als eine Art Überschußvokabel gebrauchen, als einen überflüssigen Luxusbegriff, der nichts zur Sache tut.

Ich möchte das gern noch einmal besonders unterstreichen, da es sich hierbei um einen ungeheuer markanten Ausdruck des Existenzphilosophischen in Kierkegaards Denken handelt: Erst wenn der Mensch leidenschaftlich versucht, eine authentische Grundlage für seine Existenz zu finden, erweist sich der Begriff »Gott« als etwas, was man nicht übersehen kann, weil sich die Existenz nur in der Beziehung zu diesem Begriff verwirklichen läßt. In der existentiellen Krisensituation wird offenbar, daß der Mensch nicht allein aus sich selbst verstanden werden kann, sondern daß er sich als Mensch bloß zu etwas Fremdem verhält, nämlich zu Gott.

Kierkegaards Argumentation sieht also vorläufig so aus: Wenn der Mensch nicht nur einfach verzweifelt ist, sondern die Verzweiflung wählt, dann steht er im selben Moment in Beziehung zu Gott. Verzweiflung ist ja ein rein negativer Begriff, der nur in Beziehung zu seinem positiven Gegenstück Sinn ergibt. Verzweiflung läßt sich nicht isoliert von ihrem Gegenteil denken. Der Mensch, der sich selbst als verzweifelt gewählt hat, läßt sich nicht isoliert von seinem positiven Gegenteil denken: von Gott.

Die Änderung in der Formulierung, die ich hier eingeführt habe, ist nicht gleichgültig. Wenn der Mensch die Verzweiflung wählt, ist das gleichbedeutend damit, daß er sich selbst als verzweifelt wählt. Es handelt sich ja um den Menschen, um mich, der verzweifelt ist, und deshalb wähle ich mich selbst, wenn ich mich für die Verzweiflung entscheide. Das ist der Kern der ganzen Angelegenheit. Der Mensch wählt sich selbst als genau das, was er ist, als verzweifelt, und im selben Zuge wählt er Gott.

In dieser kurzen Formulierung ist im Grunde schon alles gesagt. Wir müssen deshalb bei ihr stehenbleiben und untersuchen, was sie genau aussagt. Denn schließlich hat sie weitreichende Konsequenzen.

Der Schlüsselbegriff heißt »wählen«. Wir haben festgestellt, daß er diese zentrale Stellung schon die ganze Zeit gehabt hat, bisher jedoch zu kurz gekommen ist. Der Spießbürger war geschäftig davon in Anspruch genommen zu wählen. In den vielfältigen Lebenssituationen boten sich stets mehrere Handlungsmöglichkeiten an, und natürlich mußte er sich zwischen ihnen entscheiden, um überhaupt tätig sein zu können. Und der Spießbürger war der Meinung, daß er selbst voll und ganz in der Lage sei zu wählen. Doch das war reiner Selbstbetrug. Denn von Anfang an befand er sich mitten im Leben, bestimmt von dessen Tätigeiten, gefangen von dessen vielfältigen Kräften und Funktionszusammenhängen. Wenn er einen Entschluß faßte, dann war dies in Wirklichkeit nicht seine eigene Wahl. Die anonymen Kräfte hatten die Entscheidung für ihn getroffen, und er war nichts als nur ihre Marionette. So etwas wie einen freien Willen (oder liberum arbitrium, wie es auf lateinisch im gewöhnlichen philosophischen Sprachgebrauch heißt) im Sinne des Vorhandenseins freier Wahlmöglichkeiten gibt es nicht.

Das hatte der Ästhetiker vollkommen durchschaut, und in der ihm eigenen etwas sonderbaren Art beschrieb er die prinzipielle Zerstörung der Möglichkeit zu wählen. Es ist unmöglich, sich für etwas zu entscheiden, denn die Wahl erweist sich überhaupt nicht als Wahl, sondern als leere Formel, als Schlag in die Luft, da sie ja keine Konsequenzen hat oder, wie man es auch ausdrücken kann: da die Konsequenz dieselbe ist, gleichgültig, wie man sich entscheidet. Die Wahl erweist sich als macht- und sinnlos. Die wahre Weisheit liegt für den Ästhetiker folglich darin, sich überhaupt nicht zu entscheiden oder in den blauen Dunst zu wählen, willkürlich, um sich im nächsten Moment wieder genauso willkürlich für etwas anderes zu entscheiden, also bloß zum Schein zu wählen und dadurch das Leben in eine Maskerade zu verwandeln.

Dem Ethiker hingegen ist es gelungen, die reale Möglichkeit der Wahl und ihren Ort nachzuweisen. Man soll sich selbst wählen. Wobei es sich jedoch unbestreitbar um eine Wahl von ganz eigenartiger Struktur handelt. Lassen Sie uns deshalb noch einen genaueren Blick darauf werfen! Die erste Eigentümlichkeit dieser Wahl besteht darin, daß es sich nicht um die Wahl von irgend etwas handelt. Man entscheidet sich nicht zwischen zwei verschiedenen Möglichkeiten; man hat praktisch keine Aus-Wahl. Man sagt »ja« zu sich selbst, zu diesem ganz Bestimmten, was man selbst ist. Es gilt also nicht, zu wählen, was man gern sein möchte, daß man zum Beispiel Schriftsteller sein will oder Bauer oder irgend etwas anderes. Genausowenig, wie man sich dazu entschließt, irgendwelche Eigenschaften zu haben: fleißig zu sein oder liebenswürdig oder tugendsam. Ganz und gar nicht, denn man wählt das, was man tatasächlich ist, sich selbst. Man hat praktisch keine andere Möglichkeit als sich selbst. Und für diese einzige vorhandene Möglichkeit entscheidet man sich.

Unmittelbar mag dieser Prozeß recht überflüssig erscheinen. Wenn man rein faktisch etwas ganz Bestimmtes ist, dann wirkt es recht sinnlos, das auch noch zu wählen. Die Wahl führt ja keine Veränderung herbei, hat also keine Wirkung. Stellen wir uns einmal vor, daß ich recht faul bin. In diesem Fall würde es sicherlich eine gewisse Bedeutung haben, wenn ich mich dazu entschließen würde, künftig etwas energischer mit mir selbst zu sein. Wenn ich, der ich faul bin, mich aber selbst als faul wähle, geschieht absolut nichts. Ich bleibe, was ich ja die ganze Zeit über schon gewesen bin, nämlich faul. Wozu also das ganze Theater?

Wenn man so denkt, hat man noch nicht verstanden, was der Wahl-Prozeß eigentlich bedeutet. Wählen ist gleichbedeutend mit wollen. Das gilt in allen Situationen. Wenn ich etwas wähle, dann will ich es. Etwas zu wählen, ohne es zu wollen, wäre ein logischer Widerspruch. Sich selbst zu wählen bedeutet daher dasselbe wie sich selbst zu wollen, und das hat Konsequenzen.

Wilhelm legt größten Wert darauf, daß man bei dieser Wahl nicht mogelt. Man soll genau das wählen, was man nun einmal ist. Jeder wird an dieser Stelle vermutlich versucht sein, einige Einschränkungen zu machen. Es gibt ja so vieles, was man nicht will, sowohl was die Umstände anbelangt, unter denen man lebt, als auch in Bezug auf einen selbst als Person; etwas, was man fortlassen oder vor dem man die Augen verschließen will bzw. mit dem man sich nicht identifizieren möchte. Doch es werden keine Entschuldigungen gelten gelassen: Man soll sich selbst wählen, ganz genau und vollständig das, was man tatsächlich ist. Man soll sich selbst wollen, denn erst dann ist man wirklich man selbst.

Lassen Sie mich erklären, was das beispielsweise bedeuten kann: Wir können uns sicherlich ohne Schwierigkeiten einen Menschen vorstellen, der mit einem Fehler oder dunklen Punkt behaftet ist, den er wirklich nicht haben will. Lassen Sie uns annehmen, daß er Alkoholiker ist. Darüber ist er tief verzweifelt; sich nun aber auch noch als Alkoholiker zu wählen -

nein, das ist einfach zuviel! Er will sich, genau im Gegenteil, als jemanden wählen, der nicht Alkoholiker ist.

Doch das bedeutet, daß er erst dann er selbst, identisch mit sich selbst werden kann, wenn er seinen Alkoholismus losgeworden ist. Er kämpft also, nimmt Entziehungsmittel und wird Mitglied bei den Guttemplern. Aber er tut dies desperat, verzweifelt. Erlebt er einen Rückschlag, bricht er völlig zusammen. Es ist ja von entscheidendster Bedeutung für sein Leben, daß er sein Laster los wird. Genau auf diese Weise kämpfen ja Spießbürger gegen ihre Laster oder unglücklichen Neigungen an. Falls der Mensch aus unserem Beispiel nun das tut, wozu ihn Richter Wilhelm auffordert, sich selbst wählt samt Alkoholismus und allem anderen, sich also selbst gerade so will, wie er ist, dann sieht alles anders aus. Er ist nun er selbst, identisch mit sich selbst, auch wenn er sich betrunken hat. Er kann versuchen, aus dem Morast herauszukommen, Entziehungsmittel nehmen und alles, was man sonst noch tun kann. Aber er tut dies nicht desperat, und wenn er einen Rückfall bekommt, dann verzweifelt er nicht. Denn er hat sich ja von vornherein als jemanden gewählt, der Alkoholiker ist. Man kann sagen: Er ist versöhnt mit sich selbst, auch in seinem Elend, und deswegen kann er zwar eine ganze Menge anstellen, um seine Last loszuwerden, doch dabei handelt es sich nicht mehr um eine Frage von lebenswichtiger Bedeutung.

Es ist ganz entscheidend, diese Betrachtung zu verstehen. So zu leben, versöhnt mit sich selbst, weil man wirklich ganz und gar »ja« gesagt hat zu sich selbst, sich vollkommen in sein Ich und sein Dasein einlogiert hat (was letztendlich die einzige Möglichkeit ist) - so zu leben, das bedeutet, ein Leben in großer Beruhigung zu führen. Und für Kierkegaard ist diese Lebensform die verwirklichte Existenz, die Existenz in authentischer Wirklichkeit.

Die Tiefenpsychologie unseres Jahrhunderts wird Kierkegaard an diesem Punkt recht geben - was auch nicht verwundern kann, wenn man bedenkt, daß er unter anderem dieser Richtung mit seinen außerordentlich scharfsinnigen Analysen *des* Menschen vorgegriffen hat, der diesen Prozeß nicht hat vollziehen können und der deshalb verschlossen wird, dämonisch, oder, um es in der Sprache der Tiefenpsychologie zu sagen: der Neurosen entwickelt hat und durch Verdrängung dem Problem aus dem Wege zu gehen sucht.

Der Weg zur geistigen Gesundheit besteht darin, sich selbst zu durchschauen - sich selbst durchsichtig zu werden, wie Kierkegaard dies ausdrückt - und daraufhin sich selbst zu wollen. Aber für Kierkegaard handelt es sich um mehr als nur um geistige Gesundheit; für ihn geht es gleichzeitig und insbesondere darum, die ethische Forderung zu erfüllen. Diese Forderung zielt darauf ab, den Mut zu haben, sich selbst zu wählen und damit sich selbst zu wollen.

Das Ethische besteht darin, daß man in dem Moment, da man sich selbst will, auch die Verantwortung für sich selbst übernimmt. Und nur auf diese Weise kann der Begriff Verantwortung überhaupt Bedeutung erlangen.

In der Welt des Spießbürgers redet man natürlich auch von Verantwortung. Teils wird der Mensch als verantwortlich für das angesehen, was er macht - schließlich lebt er ja in der Illusion, daß er selbst in Freiheit entscheidet, was er tun will. Teils kann man im Leben die Verantwortung für dieses oder jenes auferlegt bekommen bzw. sie sich selbst auferlegen. Beides ist abhängig von der Stellung, die man in seinem sozialen Umfeld einnimmt.

Doch dabei handelt es sich, wie wir alle wissen, um eine sehr zweifelhafte Art von Verantwortung: moderat, relativ und unbestimmt. Es ist ein leichtes, sich ihr zu entziehen, sich ihrer zu entledigen oder sie an einen anderen weiterzugeben. Was man ja auch üblicherweise tut; mit der Folge, daß Verantwortung innnerhalb der Gesellschaft etwas sehr Oberflächliches ist, was schnell verfliegt.

Etwas ganz anderes ist es dagegen, wenn ein Mensch sich selbst wählt und damit die Verantwortung für sich selbst übernimmt. Denn diese Verantwortung läßt sich nicht relativieren. Sie ist absolut, weil sich nichts ihrem Bereich entziehen kann. Der Mensch kann nur die Verantwortung für sich selbst übernehmen, wenn er dies unbegrenzt tut. Wir sollten uns das einmal ganz deutlich vor Augen führen. Rein faktisch ist er ja nicht für sich selbst verantwortlich. Er trägt nicht die Verantwortung für die Voraussetzungen, mit denen und in die hinein er geboren wurde: für seine Anlagen, seine gesellschaftliche Stellung usw. Er hat sich nicht selbst erschaffen.

Nichts desto trotz tut der Mensch im Verwirklichungs-Prozeß genau dies: Er macht sich selbst zum Ursprung seiner selbst. Er übernimmt sich selbst, ganz genau so, als habe er sich selbst geschaffen. Darin liegt die weitreichende Bedeutung der Wahl, in der der Mensch sich für sich entschieden hat, in der er deutlich macht, daß er sich will und dabei die absolute Verantwortung für sich selbst übernimmt. Oder, um auch diesen Begriff mit ins Bild zu bekommen: Wenn der Mensch in dieser Weise sich selbst will, trägt er die Schuld für sich selbst.

Man könnte sich etwas skeptisch geben und die Behauptung aufstellen, daß das Ganze nichts anderes sei als reine Spiegelfechterei. Man könne ja eventuell noch darin folgen, daß es schon Bedeutung habe, wenn ein Mensch sich selbst akzeptiere, und es auf jeden Fall wichtig sei, sich völlig klar zu werden, wer und was man eigentlich selbst ist. Daß man damit jedoch die Verantwortung für sich selbst übernehme, ganz so, als trage man die Schuld für die eigene Existenz, als habe man sich selbst geschaffen - nein, das könne man nun aber doch nicht für bare Münze nehmen, denn das seien ja rein rhetorische Übertreibungen. Es sei nun einmal eine Tatsache, daß man sich nicht selbst geschaffen habe und daher auch nicht die Schuld für die eigene Existenz übernehmen oder die Verantwortung dafür tragen könne, was man ist.

Ein Einwand dieser Art läßt sich nicht von der Hand weisen. Es ist völlig legitim, an ihm festzuhalten, ebenso, wie es durchaus zulässig ist, als Spießbürger zu leben. Eine Haupt-Pointe in Kierkegaards Verfasserschaft besteht gerade darin, daß er an keiner Stelle autoritativ und endgültig festlegt, wie das wahre Leben für den Menschen auszusehen hat. Was sogar an einigen seiner Buchtitel deutlich wird. Wenn das erste Werk »Entweder - Oder« heißt, dann liegt in diesem Titel, wie wir bereits an früherer Stelle gesehen haben, einiges an Tiefsinnigkeit verborgen. Und er spricht darin den entscheidenden Gedanken aus, daß man, der Leser, die Entscheidung dafür, so oder so zu leben, selbst, in eigener Verantwortung treffen muß. Auch eine spätere Schrift, die ihrer Struktur nach eigentlich eine vertiefende Fortführung von »Entweder - Oder« ist, die »Stadien auf dem Weg des Lebens«, muß in derselben Richtung verstanden werden. Gemeint ist nicht, daß jeder Mensch absolut sukzessiv diese Stadien durchlaufen soll, sondern daß er sich entscheiden muß, auf welches von ihnen er sein Leben bauen will. In diesem Gedanken liegt das Existentielle bei Kierkegaard. Man kann nicht von vornherein objektiv, spekulativ oder wie in einem Lösungsheft festlegen, was es bedeutet, Mensch zu sein. Sondern das muß jeder für sich selbst herausfinden.

Kierkegaard geht nicht von einem fertigen Ergebnis aus, sondern gibt eine Analyse der Lebensbedingungen, die sich ergeben, wenn man die eine oder die andere Lebensform wählt. Wenn man z.B. der Ansicht ist, daß die Einwendungen, die sich gegen den Wahl-Begriff des Ethikers anführen ließen, hieb- und stichfest sind, nun ja, dann muß man eben die Bedingungen akzeptieren, die für die spießbürgerliche Lebensform gelten und so auf eine Art und Weise existieren, die bewirkt, daß man nie man selbst wird.

Für Richter Wilhelm besteht kein Zweifel: Wenn er sich selbst als den wählt, der er tatsächlich ist, sich entscheidet, so sein zu wollen, dann trägt er die volle Verantwortung für sich selbst. Wenn er also, um bei dem Beispiel zu bleiben, Alkoholiker ist, dann trägt er selbst die Schuld daran. Er hat es so gewollt, sich als Alkoholiker gewählt und die Verantwortung dafür auf sich genommen. Er kann sich nicht damit entschuldigen, daß es sich um eine angeborene Neigung handele oder daß sein Vater Trinker gewesen sei oder er eine unglückliche Kindheit gehabt habe und frühzeitig in schlechte Gesellschaft geraten sei. All dies kann - objektiv gesehen - durchaus richtig sein, doch es hilft ihm nichts, das anzuführen, denn er hat sich ja dafür entschieden, sich selbst zu wollen, und deshalb ist er für all das selbst verantwortlich, trägt also auch die volle Verantwortung dafür, was er mit seinem Alkoholproblem tun will. Aber ganz gleichgültig, wofür er sich dabei entscheidet, er kann dies ohne Desperation und Verzweiflung tun. Denn die Wahl schafft auch Versöhnung und Beruhigung. Vielleicht kann man sagen, daß er, indem er sich selbst will, auch gleichzeitig sich selbst bedingungslos vergeben hat. Mißlingt es ihm nun, vom Alkoholismus frei zu werden, so erschüttert ihn das nicht in seinen Grundfesten.

In Kierkegaards großer Personengalerie steht Richter Wilhelm als Repräsentant der ethischen Lebensmöglichkeit. An späterer Stelle der Verfasserschaft werden wir auch noch religiöse und christliche Existenzmöglichkeiten untersuchen. Man sollte im Auge behalten, daß die ethische Existenzform an entscheidender Stelle auch religiös ist - ohne daß sie dadurch jedoch in eine religiöse Existenz verwandelt würde. All das, was bislang über den Ethiker gesagt worden ist, gibt nur Sinn, wenn man sich klarmacht, daß man sich nicht einfach aus einer Laune heraus selbst wählen kann, also wenn man gerade Lust dazu hat. In solch einem Fall wäre das Ganze tatsächlich Spiegelfechterei und reines Theaterspiel. Ein Spießbürger kann sich nicht eines schönen Tages mal eben in einen Ethiker verwandeln. Der Prozeß läßt sich nur unter ganz bestimmten Bedingungen und Voraussetzungen durchführen. Man muß bis zum Äußersten gelangt sein, die unendliche Leere des Lebens durchschaut und einen Grad von Verzweiflung erreicht haben, der absolut ist. Mit anderen Worten: Man muß Ästhetiker sein.

Wenn es heißt, man solle sich selbst als genau den wählen, der man ist, dann bedeutet das gewiß, daß man all das Konkrete wählt, was zu einem gehört, z.B. daß man Trinker ist. Doch all das muß in etwas völlig Unbedingtem gründen. Man muß sich selbst als verzweifelt wählen oder: Man muß die Verzweiflung wählen. Falls jedoch keine Verzweiflung da ist und man nichts durchschaut hat, sondern meint, daß das Leben eigentlich gar nicht so schlecht sei - nun denn, dann kommt einem der Gedanke ja überhaupt nicht, daß man die Verzweiflung wählen muß. Wieso auch? Und dann wird auch nichts aus der Wahl, oder nur etwas ganz Unbedeutendes.

Weshalb ist die Sache mit der Verzweiflung nun aber so wichtig? - Weil man nur kraft ihrer - indem man sich für sich selbst entscheidet - gleichzeitig auch Gott wählt. Deshalb liegt es nicht an mir als Wählendem, daß der Wahl entscheidende Bedeutung zukommt und sie die fundamentalen Veränderungen in meiner Lebensgrundlage herbeiführt. Dies ist allein Gottes Werk. Er setzt den Unterschied. Wenn Wilhelm wieder und wieder Formulierungen verwendet wie die, daß der Mensch sich selbst wählt, sich selbst will, sich selbst übernimmt, die Verantwortung für sich selbst trägt usw., könnte man natürlich schnell auf den Gedanken kommen, es handele sich bei all dem um etwas, was der Mensch selbst durchführen kann, ganz selbständig, wenn er sich dazu bloß eines schönen Tages entschließt. In solch einem Fall wäre das Ganze natürlich nur Spiegelfechterei. Deshalb muß man beachten, daß sich der Richter auch anders ausdrücken kann, zuweilen sogar mit dichterischem Schwung. So spricht er beispielsweise davon, daß der Mensch im äußersten Moment sehen könne, wie der Himmel sich öffne und er aus der Hand des Höchsten sein Selbst entgegennehmen könne.

Wenn ich oben sagte, daß der Mensch, indem er sich für sich selbst entscheidet, Gott wählt, kann das Anlaß zu Mißverständnissen geben. Vielleicht sollte man es daher besser so sagen: Wenn der Mensch sich selbst wählt, ist dies gleichbedeutend damit, daß Gott den Menschen wählt. Sich selbst zu wählen ist dasselbe wie sich selbst aus Gottes Hand entgegenzunehmen. Und so handelt es sich bei dem Prozeß nicht länger um Spiegelfechterei. Es trifft durchaus das Gemeinte, wenn wir sagen, daß ich mich selbst will, weil es Gottes Wille ist. Und es ist nicht übertrieben festzustellen, daß ich mich in gewisser Weise selbst geschaffen habe, weil Gott mich geschaffen und mir mich, dieses Selbst, gegeben hat, damit es meins sei. Und es ist angemessen zu sagen, daß ich nun die volle Verantwortung für mich selbst trage, weil ich ja Gott gegenüber verantwortlich bin. Gott ist in jeder Hinsicht die entscheidende Instanz, und wenn man sich diese Instanz fortdenkt, dann wird das Gesagte alles zu purem Unsinn.

Das, so könnte man einwenden, hört sich ja nun wirklich ganz schön religiös an. - Wie verträgt sich damit die Behauptung, wir hätten es hier nicht mit einer religiösen, sondern »nur« mit einer ethischen Existenzmöglichkeit zu tun? Oder:

Welche Voraussetzungen müssen dann noch erfüllt sein, um von einer religiösen Lebensgestaltung sprechen zu können? Dieser Einwand ist treffend, denn er setzt genau an der entscheidenden Stelle an. Gott spielt offenbar eine sehr merkwürdige Rolle in Kierkegaards Gedankenwelt. Ich bin bereits an früherer Stelle darauf eingegangen. Die erste Eigentümlichkeit besteht darin, daß es Gott für den Menschen nur unter ganz bestimmten Umständen gibt. Lebt man als Spießbürger oder als Ästhetiker, existiert er überhaupt nicht. Man kann sich natürlich einen Spießbürger vorstellen, der »religiös« ist. Er wird mit Nachdruck behaupten, daß er an Gott glaubt, regelmäßig zur Kirche geht, vielleicht sogar ein Abendgebet spricht. Und sein Nachbar wird vielleicht ein wenig ärgerlich behaupten, daß er »ein kleiner Heiliger« sei. Doch er ist religiös im spießbürgerlichen Sinne, und im spießbürgerlichen Leben kann man was auch immer sein, ohne es wirklich zu sein.

Gott existiert erst, wenn man in seinem Bemühen um ein authentisches Leben auf ihn stößt. Doch an dem Punkt existiert er dafür auch in ganz überwältigender und entscheidender Weise, taucht er doch auf als das Gegenstück zu dem, was der Mensch ist, als die positive Instanz, die dem verzweifelten Menschen die Verzweiflung erklärt - und sie in der Erklärung aus der Welt schafft. Und zwar durch die Wahl, zu deren Anstoß er wird. Für Kierkegaard ist es unmöglich, sich ein authentisches Leben ohne Gott vorzustellen, denn ohne ihn würden all die Begriffe keine Gültigkeit haben, die das Leben gerade authentisch machen sollen: Freiheit, Wahl, Verantwortung.

Doch das ist auch schon alles, was Gott zu tun hat. In dieser ersten Position etabliert er sich nicht als etwas, zu dem der Mensch sich nun - religiös - verhalten kann. Das wäre ein schreckliches Mißverständnis, das genau das Gegenteil dessen bewirken würde, was beabsichtigt ist, nämlich, daß der Mensch sein Leben verlöre und Mönch, Asket oder dergleichen würde. Was ja in Wirklichkeit gar nicht von ihm verlangt wird. Vielmehr soll er Mensch werden in seinem konkreten Leben, sich selbst übernehmen und ganz und ohne Abstriche existieren, jenseits jeglicher Verzweiflung. Das »Religiöse« erschöpft sich hier völlig in der ethischen Beziehung zum vorgegebenen Dasein.

Wenn Kierkegaard von Gott und der besonderen Funktion spricht, die die Begegnung mit ihm bewirkt, dann gebraucht er gern das Wort »ewig«. Er spricht vom »Ewigen im Menschen« oder vom »ewigen Bewußtsein«, und es kann recht schwierig sein, dahinterzukommen, was er damit eigentlich genau meint. Wir haben gesehen, daß das Verzweifelte für den Menschen unter anderem darin bestand, der Geschichte, Veränderungen, Zufällen und der Relativität preisgegeben zu sein. Es gab nichts A-Historisches am Menschen.

Dieses A-Historische ist nun gefunden. Es ist Gott. Der Gott, auf den der Mensch stößt, wenn er sich selbst als verzweifelt wählt. Gott ist »das Ewige im Menschen«, denn Gott ist keine Größe oder Person außerhalb des Menschen, sondern die Instanz, die den Menschen letztendlich zum Menschen macht. Das »ewige Bewußtsein« des Menschen ist sein Gottesbewußtsein. In Gott ist all das gegeben, was von Anfang an oder immer schon da ist und auf das man vielleicht erst zu gegebener Zeit und unter gegebenen Umständen aufmerksam wird, das im selben Moment aber bereits in der Weise vorhanden ist, daß es sich selbst voraussetzt. Gott selbst ist das beste Beispiel dafür. Erst indem ich die Verzweiflung wähle, erhält Gott Wirklichkeit für mich. Doch er erhält Wirklichkeit als der, der sich selbst voraussetzt, der schon da, also »ewig« ist.

Dieses Denkmodell ist fundamental für Kierkegaard, und wir werden sehen, daß er sich darauf bei all den Begriffen bezieht, die für den Menschen grundlegende Bedeutung haben.

Doch damit sind wir noch nicht am Ende angelangt. Ich habe mich darauf beschränkt, nur den Menschen selbst zum Gegenstand meiner Beschreibung zu machen, den Menschen als Individuum. Da er aber die Einheit von Individuum und Gesellschaft ist, kann er nur innerhalb einer Gesellschaft existieren. Und das warf, wie wir uns erinnern werden, einige Probleme auf. Denn die Gesellschaft ist ja auch dem Geschichtlichen ausgeliefert und damit der Relativität, was konsequent weitergedacht zu einem Nihilismus in Reinform führte.

Wie kann sich der Mensch aber selbstverantwortlich und gültig in einer nihilistischen Gesellschaft übernehmen? - Nun, das kann er verständlicherweise nicht. Deshalb muß in der existentiellen Wahl, in der der Mensch zum Menschen wird, in irgendeiner Weise auch die Gesellschaft Wirklichkeit erhalten - und dies genauso wie beim Menschen: in ihrer Gültigkeit.

Wir erinnern uns, daß der fatale Punkt im ethischen Gegensatz von Gut und Böse bestand. Man mußte postulieren, daß dieser Gegensatz gelte bzw. die Begriffe Gut und Böse an sich gültig seien. Doch gerade diese Forderung schien sich nicht erfüllen zu lassen, und so war die Misere unabwendbar. Das Ethische als solches brach zusammmen, und ein authentisches Leben wurde zur Unmöglichkeit.

In dieser Verlegenheit entwirft Kierkegaard einen Lösungsversuch, der äußerst originell, doch - das sei hier eingeräumt - schwer zu verstehen ist. Und deshalb auch nicht leicht zu erklären. So weit ich sehen kann, nimmt er eine sehr geniale - auf jeden Fall aber ungewöhnliche - Unterscheidung vor: Auf die eine Seite stellt er das Faktum als solches, daß es einen Unterschied von Gut und Böse geben muß und auf die andere den konkreten Inhalt dieser beiden Begriffe. Das erste repräsentiert den unmodifizierten Ernst, der in der ethischen Wahl liegt, das zweite die tatsächlichen Möglichkeiten, zwischen denen man sich bei seiner Wahl entscheiden muß.

Das erste, der Ernst des Gegensatzes an sich, hat seinen Grund in der fundamentalen Wahl, in der der Mensch zugleich sich selbst wählt und von Gott gewählt wird. Diese Wahl verleiht dem Leben als solchem Ernst, dem Leben, das ja gerade der Gegensatz von Gut und Böse ist. Für den Menschen, der diese Wahl getroffen hat, ist es nun unmodifizierter Ernst, wenn er sich innerhalb dieses Gegensatzes entscheidet. Noch nicht gesagt ist damit jedoch, worin der konkrete Inhalt der Begriffe Gut und Böse liegt. Der Wahlprozeß bringt nicht das hervor, was man technisch ausgedrückt eine »Materialethik« nennt. Es werden darin noch keine genauen Regeln entfaltet,

die festlegen, daß dieses und jenes gut und das Entgegengesetzte daher schlecht sei.

Stattdessen geschieht etwas ganz anderes. Genauso, wie der
Mensch nicht irgend etwas Merkwürdiges und Ausgeklügel-
tes wählt, sondern das, was er tatsächlich ist, gleichgültig, wie
kümmerlich oder hervorragend er auch sein mag, so wählt er
er auch nicht etwa ein göttliches und vornehmes System von
Gut und Böse, sondern die kümmerliche oder hervorragende
Gesellschaft, in der er lebt und damit die Ansichten von Gut
und Böse, die in ihr faktisch gelten.

Kraft der Beziehung zu Gott oder kraft der Tatsache, daß
Gott also die entscheidende Instanz ist, verwandelt sich die
Definition von Gut und Böse von geschichtlichen, zufälligen
und relativen zu gültigen Begriffen, die Verbindlichkeit für
mich, der ich die grundlegende Wahl getroffen habe, besitzen
und mir den Weg weisen. Mit seiner Fähigkeit, sich in präg-
nanter Kürze auszudrücken, läßt Kierkegaard den ethischen
Wilhelm dies folgendermaßen formulieren: Der Mensch muß
erst einmal den Gegensatz von Gut und Böse wählen, bevor er
innerhalb dieses Gegensatzes wählen kann.

Der gesamte Gedankengang beruht jedoch letztendlich auf
einer bestimmten Auffassung von Geschichte, auf einer Ge-
schichtsphilosophie also, die jedoch leider nicht so ohne weiteres zu verstehen ist. Unter den vielen Ausdrücken, die Kierkegaard verwendet, befindet sich der Begriff »Ordnung der
Dinge«, eine jedoch nicht sonderlich eindeutige Formulierung. Zunächst einmal bezeichnet sie eine Art ewige, a- historische, von Gott geschaffene Ordnung des Daseins, des
menschlichen Lebens und der Gesellschaft. Als ewiges und
gottgeschaffenes System ist sie natürlich unerschütterlich und
absolut gültig, doch dieselben Eigenschaften bewirken, daß
sie nicht so ohne weiteres als sie selbst, in Reinform, vorgefun-
den werden kann. Um erkennbar zu sein, muß sie stets erst irgendeine Gestalt annehmen. »Ordnung der Dinge« kann also
auch irgendeine der Gestalten bezeichnen, in der sie erscheinen kann. Diese Gestalten sind die verschiedenen Ordnungen,
die in den verschiedenen Abschnitten der Geschichte konkret
vorhanden sind. Deshalb ist der Mensch auf die konkrete

Gestalt angewiesen, die die Ordnung in der Kulturepoche angenommen hat, in der er nun einmal lebt.

Vielleicht kann ich einmal versuchen, den Mechanismus mit Hilfe einer völlig anderen Größe zu verdeutlichen: Die geometrische Figur »Dreieck« z.B. läßt sich folgendermaßen definieren: Drei gerade Linien, die alle einander schneiden. Diese Definition gilt natürlich für jedes erdenkliche Dreieck - ohne daß es aber »das Dreieck als solches« gäbe oder daß man sagen könnte, wie »das Dreieck an sich« aussieht, denn es sieht überhaupt nicht in irgendeiner bestimmten Weise aus. Es muß erst einmal Gestalt annehmen, und es kann sich in einer Unmenge von Gestalten zeigen - rechtwinklig, mit stumpfem Winkel, gleichschenklig usw. usw. All dies sind Gestalten des »Dreiecks an sich«, und all dies sind Dreiecke in demselben Maße. Es wäre unsinnig zu sagen, das eine sei mehr Dreieck als das andere.

In vergleichbarer Weise muß die »Ordnung der Dinge« Gestalt annehmen. Im Laufe der Geschichte bedient sie sich dabei einer ständig wachsenden Zahl von Gestalten. Und im Grunde liegt darin das, was Geschichte überhaupt ausmacht: die ständig wechselnde Gestalt der »Ordnung der Dinge«.

Durch eine Theorie dieser Art meint Kierkegaard, das Ewige und das Zeitbestimmte vereinigt zu haben, die unerschütterliche Gültigkeit und den geschichtlichen Relativismus. Der *Inhalt* der Begriffe Gut und Böse ändert sich zwar von Epoche zu Epoche, doch dadurch werden die Begriffe als solche nicht ungültig, nicht vom Nihilismus verschluckt. Denn in jeder Gestalt scheint doch der ewige, a-historische, von Gott geschaffene Gegensatz von Gut und Böse hindurch, der hinter dieser konkreten Gestalt steht. Hier, wo es sich nicht um geometrische Figuren handelt, sondern um Ethik, bedarf es jedoch einer Mittelbestimmung. Das ist die Wahl. Wenn der Mensch sich selbst als sich selbst wählt, entscheidet er sich für sich in seinem Bestimmtsein durch die Gesellschaft, in der er lebt. Und damit erkennt er die in ihr gültigen Inhalte von Gut und Böse als für sich verpflichtend an. Damit hat das ethische Leben Ernst erhalten. Wenn sich der Mensch nun bemüht, das Gute zu wählen, führt er ein authentisches Leben.

Wir können an diesem Punkt einen Moment innehalten und konstatieren, daß wir hier also das beschrieben haben, was Kierkegaard mit authentischem Leben meint. Viel zu oft ist man geneigt gewesen, das Gegenteil zu behaupten - und daran trägt er selbst nicht geringe Schuld. Er hat ja viel von »jenem Einzelnen« gesprochen, von dem Einsamen, dem, der nicht mit in der Menge sein kann, und Kierkegaards Verständnis des Christentums hat man nachgesagt, es sei ein typisches Christentum für den Einzelnen, ohne Sinn für das Miteinander der Gemeinde, die für Grundtvig, Dänemarks andere bedeutende theologische Gestalt dieser Zeit, so entscheidend war. Für Kierkegaard, so ließe sich fortfahren, habe ja auch der Begriff »Verinnerlichung« große Bedeutung besessen, und er habe gefordert, daß man der Unmittelbarkeit absterben und Verzicht leisten müsse. Überdies sei er der Meinung gewesen, daß sich eine Gottesbeziehung auf keinen Fall »draußen in der Welt« erlangen lasse. Insgesamt, so könnte man zusammenfassend sagen, habe Kierkegaards Ideal darin bestanden, von der Welt abgewandt zu leben, beschäftigt mit seinen inneren Rührungen, da nur im verborgenen und Gott zugewandten Seelenleben der Mensch in Wahrheit existieren könne.

Alle Behauptungen, die in diese Richtung gehen, sind meiner Meinung nach Ausdruck eines fatalen Mißverständnisses. Ich werde an späterer Stelle noch aufzuzeigen versuchen, was Kierkegaard in Wirklichkeit mit oben zitierten und anderen Wendungen, die in die gleiche Richtung gehen, sagen will. Hier, beim Ethiker Wilhelm, führt er auf jeden Fall das Ideal menschlichen Lebens vor, das er nie aufgibt. Er wird an späterer Stelle noch eine Reihe von Schwierigkeiten aufzeigen, die der Richter nicht entdeckt hat, und sie alle werden die Sache noch komplizierter machen. Doch das Ideal steht fest: Der Mensch soll dem tatsächlichen Leben in der tatsächlichen Gesellschaft zurückgegeben werden, der Gemeinschaft der tatsächlichen Menschen, zu denen er in vielfältiger Beziehung steht. All das Ästhetische am Menschen, der vorgegebene Inhalt, die Lebensfreude und die Schönheit des Lebens sollen durch die ethische Haltung bewahrt und gesichert werden. Kierkegaard will das ganz normale, alltägliche Leben, doch nur unter der Bedingung, daß es vollkommen wirklich ist - der Verzweiflung entrissen und in die Dimension von Versöhnung und Beruhigung gebracht.

Und genau das geschieht den Analysen des Richters zufolge. Wenn der Mensch zu sich selbst gekommen und in sein Zeitalter hineingegangen ist, mit Gott im Rücken als der Instanz, die Gültigkeit verleiht, dann liegt das gesamte tatsächliche Dasein vor ihm, und der Ethiker kann sich frohgemut da hineinbegeben. Im selben Augenblick, in dem der Mensch er selbst wird, legt er sich - wie Wilhelm es ausdrückt - sein »soziales Selbst« an. Das »soziale Selbst« - das ist die Einheit von Ästhetischem und Ethischem, die Einheit von einzelnem Individuum und gesellschaftsbestimmter Gemeinschaft. Und dies zu tun, sich sein soziales Selbst anzulegen, bedeutet, wie Kierkegaard es formuliert, »das Allgemeine verwirklichen«.

Durch die Feder von Richter Wilhelm gibt Kierkegaard seiner unglücklichen Liebe zum Leben, dem gewöhnlichen menschlichen Leben, Ausdruck. Er, dem so schmerzlich bewußt war, unabänderlich eine Ausnahme zu sein, war außerstande, das Allgemeine zu verwirklichen. Er konnte keine Familie gründen (er hatte dies mit so tragischem Ergebnis versucht).Er konnte kein Amt übernehmen (er hatte sich vergeblich darum bemüht). Er konnte mit anderen Menschen nicht ganz normal verkehren (er hatte nur ganz wenige Freunde). Er konnte sich nur kraft seiner Unterschiede durch's Leben manövrieren: kraft seines großen Vermögens und seines überragenden Genies. Und er gebrauchte beides, das Vermögen und die Genialität, um das zu lobpreisen, von dem er ausgeschlossen war: das gewöhnliche menschliche Leben, das Glück einer bürgerlichen Ehe, den Segen der täglichen Arbeit, die stille Freude darüber, auf der Welt zu sein mit Familie und Freundeskreis. Das höchste Ziel im Leben war für Kierkegaard das ganz Gewöhnliche, das »Allgemeine«, und er wendet sich damit bewußt gegen alle Romantik, allen spekulativen Idealismus und gegen jeden religiösen Pietismus.

Es ist charakteristisch für Kierkegaard, daß er Richter Wilhelm die Verherrlichung des gewöhnlichen Lebens mit Hilfe des Begriffs »Pflicht« ausdrücken läßt. In diesem Wort liegt etwas Provozierendes und Unangenehmes, etwas Freudetötendes und Strenges. Seine Pflicht tun zu müssen, scheint im ersten Moment das Gegenteil der Lebenseinstellung zu sein, nach der man einfach seiner Lust freien Lauf läßt. Deshalb, so glaubt man, liege in dem Begriff »Pflicht« die Forderung, auf all das zu verzichten, was man eigentlich gern möchte. In Wilhelms Gebrauch dieses Wortes ist möglicherweise ein Anklang an die Dunkelheit und den restriktiven Moralismus des Pietismus enthalten, und vielleicht liegt Kants unmodifizierte Pflichtverkündigung dahinter. Aber Wilhelm meint in Wirklichkeit etwas ganz anderes mit diesem Wort, etwas Erfreuliches, etwas, was beruhigen und Sicherheit schaffen soll.

Prinzipiell ist für Wilhelm der Begriff »Pflicht« weit davon entfernt, im Gegensatz zur Neigung zu stehen, ganz im Gegenteil: Er deckt sich geradezu mit dem, was die Neigung will. Insgesamt gebietet die Pflicht, daß man das gewöhnliche (oder, um ganz genau zu sein: das allgemein- menschliche) Leben leben soll.

Wilhelm beschreibt dies so wortreich, daß es fast ans Redselige grenzt. Man kann deutlich spüren, daß er hier von etwas spricht, was ihm sehr am Herzen liegt, und er wird nicht müde, eindringlich und gründlich darzustellen, wie schön das Leben werde, wenn man fröhlich die Gebote der Pflicht erfülle und gerade die Dinge tue, zu denen man in Wirklichkeit Lust habe. Jeder Mensch habe die Pflicht, zu heiraten und eine Familie zu gründen. Jeder Mensch habe die Pflicht, zu arbeiten, sich seinen Unterhalt zu verdienen, einen Beruf zu ergreifen, Freunde zu haben und seinen Platz in der Gesellschaft einzunehmen.

Kierkegaard stellt dies mit derart großem Fleiß dar, daß es inhaltsmäßig so extrem kleinbürgerlich und anti-romantisch wirkt, wie überhaupt möglich. Sieht man daher nur auf den Inhalt, so wird man schwören können, daß hier ein Spießbürger borniertester Prägung das Wort führt. Was natürlich nicht der Fall ist. Deutlich wird das, wenn wir uns einmal vor Augen führen, daß das, was den Ethiker vom Spießbürger unterscheiden soll, nämlich nicht der Inhalt, sondern das Wort »Pflicht« ist.

Wie ist es aber möglich, daß der Begriff »Pflicht« solch eine Veränderung herbeiführt? Hier ist zweifelsohne eine Erklärung erforderlich. Und die wird vielleicht am besten verständlich sein, wenn wir die Liebe als Beispiel nehmen.

Das Ästhetische an der Liebe ist natürlich die eigentlich mitreißende Leidenschaft, das Verliebtsein und schließlich der vollzogene Liebesakt, der Orgasmus. Diesen Aspekt kann der Ästhetiker kompetent darstellen, und das hat er ja auch getan; worauf ich kurz zu sprechen gekommen bin. Das Seltsame am Ästhetischen in der Leidenschaft ist deren unbegreifliches Verhältnis zu ihrem Gegenstand, ihr merkwürdiges Unbegründetsein. Wer ästhetisch liebt, tut dies zwar tatsächlich, kann jedoch nicht erklären, weshalb, und ist völlig außerstande, darzulegen, warum er/sie gerade diese bestimmte Person vor allen anderen auf der Welt liebt.

Weil es sich mit der Liebesleidenschaft so verhält, ist sie auch unsicher. Wenn sie grundlos ist, kann sie auch ohne einen bestimmten Grund wieder verschwinden. Es ist eine allgemeine Erfahrung im Leben: Auf Gefühle kann man sich nicht verlassen; sie kommen und gehen und haben ihre eigenen Ursachen und Launen. Ästhetisch betrachtet ist die Liebe deshalb eigentlich immer egoistisch. Man gibt sich ihr aus eigenem Interesse hin. Liebe ist im Grunde immer erst einmal Selbstliebe, und der/die Andere, der Gegenstand, wird aus Gründen des reinen Genusses gebraucht - und mißbraucht. Man liebt nicht tatsächlich den/die andere(n). Man liebt den Liebesgenuß, den man durch ihn/sie erfährt. Dafür steht Don Juan als großes Beispiel.

Sobald der Mensch jedoch zum Ethiker geworden ist, verhält es sich anders. Nun ist es ihm zur Pflicht geworden zu heiraten, und die Ehe unterscheidet sich von der reinen Liebeslust durch das Eheversprechen. Ich mache meine(n) Geliebte(n) zu meiner Ehefrau/meinem Ehemann, indem ich verspreche, sie/ihn mein Leben lang zu lieben. Darin wird eine Veränderung der Liebe als solcher deutlich: Im Gegensatz zur reinen Selbstliebe, in der man den Liebesgenuß genießt, den man durch den anderen erhält, ist man nun von der Liebe zum anderen ergriffen, liebt jetzt den anderen um seiner selbst willen. Jetzt geht es nicht mehr länger um die Frage, wie ich aus der Beziehung zu meinem Gegenüber möglichst viel an Genuß und an Lust für mich selbst herausholen, sondern darum, was ich dem anderen geben kann. Es ist mir zur - angenehmen - Pflicht geworden, meine Ehefrau/meinen Ehemann zu lieben.

Für den Ethiker ist es sehr wichtig, zu betonen, daß durch die ethische Prozedur nicht die kleinste Kleinigkeit von dem Schönen verlorengeht, dem Wunderbaren und Mitreißenden, das das Ästhetische ausmacht. Alle verzaubernde Liebeslust ist erhalten geblieben. Wilhelm liebt seine Ehefrau mit einer Liebe, die stets jung ist und neu. Denn er liebt wirklich nur diese andere, die Ehefrau. Er hat sich dafür entschieden, sie zu lieben und er hat es versprochen. Vielleicht kann man sagen, daß das Wort »lieben« jetzt nicht mehr *nur* ein Gefühl bezeichnet, sondern eine Einstellung. Gefühle können ja vergänglich sein, doch die Einstellung hat Bestand - und kann deshalb dazu beitragen, das Gefühl festzuhalten.

So verstanden besteht der ganze Unterschied zwischen dem bloß Ästhetischen und dem Ethischen im Begriff der Pflicht. Und das gilt nicht nur in Bezug auf die Liebe, sondern für das gesamte Leben in all seinen Facetten. Man ahnt jedoch, daß der Pflichgedanke die Möglichkeit für einen ganz anderen Begriff eröffnet, der genauso einschneidende und schicksalsschwere Konsequenzen mit sich führt. Das ist der Begriff »Schuld«; ich werde noch darauf zurückkommen.

Hinter all dem liegt derweil etwas Fundamentales, die Leidenschaft. Der Ästhetiker entdeckte sie als das Tiefste im Menschen. Doch für ihn war sie wild und unregierbar, zügellos, weil ihr ein definitives Ziel fehlte. Das gab ihr der Ethiker. Er verstand sie als den leidenschaftlichen Willen des Menschen zu sich selbst. Ihr Ziel lag für ihn darin, den Menschen zu einer Existenz zu führen, in der er uneingeschränkt existiert und völlig gegenwärtig ist, und wo deshalb alle Dinge, Menschen und Verhältnisse Wirklichkeit besitzen.

Zugleich wurde klar, daß der Mensch, wenn er sich leidenschaftlich selbst will, dies nicht als ein Sich-Wollen in egozentrischer Selbstzufriedenheit tut. Er will hingegen ein soziales Selbst. In der Liebe liebt der Mensch nicht sich selbst, sondern den anderen, worin im Grunde die einzig wahre Möglichkeit liegt, sich selbst zu lieben. Und genauso verhält es sich auch überall sonst, in der Freundschaft, auf der Arbeit, in dem, was man in seinem Beruf tut. Man verwirklicht sich selbst, indem man innerhalb der Gemeinschaft Existenz erhält. Erst so hat man das Allgemeine realisiert, das heißt sich selbst als Einheit von Individuum und Gesellschaft verwirklicht.

Ungefähr so zeichnet Kierkegaard die Konturen des Ideal-Daseins, der Existenz, wie sie ihrem Begriff nach sein muß, der versöhnten Einheit von Ästhetischem und Ethischem. Aber wenn man glaubt, damit sei er bereits am Ende seiner Weisheit angelangt, so irrt man sich. Erst jetzt beginnen nämlich die Schwierigkeiten. Es gibt einen Begriff, den Wilhelm nie richtig durchdacht hat, was angesichts der Tatsache, daß er ja Richter ist, recht seltsam wirkt: Das ist der Begriff »Schuld«.

VII Die Wiederholung

Wenn sich die schöne Lebensweise, die Richter Wilhelm beschrieben hat, verwirklichen lassen soll, muß die Möglichkeit der Wiederholung bestehen. - Das jedenfalls sagt Kierkegaard, und es sieht ihm ganz ähnlich, so etwas zu sagen. »Wiederholung« hört sich eigentlich ganz banal und harmlos an. Niemand wird vermutlich behaupten, daß darin etwas sonderlich Tiefsinniges liegt. Trotzdem stellt Kierkegaard dieses Wort nun in den Vordergrund und macht es zu einem grundlegenden philosophischen Begriff, mit dessen Hilfe er Aussagen von außerordentlicher Bedeutung machen kann.

Doch damit nicht genug. Er legt in den Begriff eine Vieldeutigkeit, mit der er nicht nur *ein* Ding bezeichnet, sondern gleich mehrere. Gemäß seiner ärgerlichen Angewohnheit, den Leser durch seine Ungenauigkeit etwas zu verwirren, hat Kierkegaard keine Skrupel, mit diesem Wort also mehreres auf einmal auszusagen, bzw. unbestimmt zu lassen, was er mit dem Begriff »Wiederholung« im Einzelfall eigentlich genau meint. Als Schriftsteller kann er offenbar genauso zu kleinen Neckereien aufgelegt sein, wie er dies ohne Zweifel auch als Mensch war.

Er stellt also die Frage, ob es die Möglichkeit der Wiederholung gibt und schreibt über dieses Problem sogar ein ganzes Buch, das er schlicht und einfach »Die Wiederholung« nennt. Dem Leser mag das nur recht sein, hofft er doch, die hier gestellte Frage beantwortet zu bekommen. Jeder andere Schriftsteller würde seine Leser in dieser Erwartung auch nicht enttäuschen wollen, doch Kierkegaard bleibt sich auch hier selbst treu. Das Buch ist natürlich von einem Pseudonym geschrieben, von einem Ästhetiker. Constantin Constantius heißt er (noch konstanter geht es nicht) und ist ein Ästhetiker von der reifen Sorte, finanziell unabhängig und mit ausgeprägtem Hang zu psychologischen Experimenten und philosophischen Betrachtungen sowie einer ironischen Distanz zu den eigenartigen Dingen, die das Leben zu bieten hat.

Ein Problem besteht jedoch darin, daß hier ausgerechnet ein Ästhetiker den Versuch unternimmt, über die Frage der Wiederholung zu schreiben, denn innerhalb der ästhetischen Lebenseinstellung ist Wiederholung eine Unmöglichkeit. Für den Ästhetiker gibt es keinen Zusammenhang im Leben, keine Kontinuität. Soweit einem überhaupt etwas erstrebenswert erscheint, ist es der Genuß, das Pikante, Überraschende und Spannende.

Doch das Pikante läßt sich gerade nicht wiederholen. Nur beim ersten Mal ist es pikant, beim nächsten Mal nur langweilig. Das Überraschende überrascht nur beim ersten Mal. Wiederholt man es, ist es keine Überraschung mehr. Ein Witz ist nur lustig, wenn man ihn zum ersten Mal hört. Bekommt man ihn wieder und wieder erzählt, wird er zum Schluß unerträglich. Deshalb mußte Johannes der Verführer Cordelia verlassen, nachdem er sie endlich verführt hatte. Schließlich kann man kein Mädchen zweimal verführen. Bereits beim zweiten Mal wäre es keine Verführung mehr.

Ein Ästhetiker kann sich also die Wiederholung nicht wünschen, und im Grunde glaubt er auch gar nicht, daß sie möglich ist. Man kann daher sagen, daß Kierkegaard Constantin ein Buch über ein Thema schreiben läßt, das er, Constantin, gar nicht versteht. Und dieser Methode bedient sich Kierkegaard recht häufig: Er erfindet Autoren, die über ein Thema schreiben, von dem sie keine Ahnung haben, dem sie sich aber experimentell zu nähern suchen.

»Wiederholung« ist ein Begriff, der in enger Beziehung zur ethischen Lebensmöglichkeit steht. Das dürfte bereits aus dem hervorgegangen sein, was ich im Vorhergehenden gesagt habe. In der ethischen Existenz spielt Kontinuität eine wichtige Rolle, die Fähigkeit also, in Treue bei etwas zu verbleiben. Wir können uns dies wieder am Beispiel der Ehe deutlich machen: Man kann ein Mädchen nur einmal verführen, doch seine Ehefrau kann man Tag für Tag lieben, mit ihr also ein Leben in der Wiederholung führen.

Das Überraschende an Kierkegaards Einstellung ist hier wieder einmal, daß er das verherrlicht, was man von einem mehr romantischen Standpunkt aus verwerfen, wogegen man mit aller Macht anrennen würde. Gegen das zu protestieren, was man als tägliches Einerlei, als Tretmühle des Alltags, als Monotonie bezeichnet, ist eine gängige Reaktion: Zu protestieren dagegen, daß ein Tag dem anderen aufs Haar gleicht. Das, so behauptet man, sei einfach nicht auszuhalten. Doch Kierkegaard sieht das anders. Gerade darin liegt seiner Meinung nach der Höhepunkt menschlichen Lebens. Allerdings gebraucht er in diesem Zusammhang nicht die Worte »Einerlei« und »Tretmühle«, sondern spricht von »Wiederholung«.

Aber man muß natürlich schon Ethiker sein, um das so sehen zu können. Für den Spießbürger ist das Leben im Grunde monoton und unerträglich. Es ist ja leer, ein Nichts, und der Spießbürger muß sich in die größtmögliche Geschäftigkeit stürzen, um die Leere und Langeweile zu verdecken. Der Ästhetiker will das Dasein um jeden Preis daran hindern, konkret zu werden, zu etwas Bestimmtem und Festgelegtem. Denn dabei, so ist er sich völlig sicher, könne nichts anderes herauskommen als Tretmühle und Monotonie.

Der Ethiker ist bekanntlich dadurch zum Ethiker geworden, daß er gerade dieses konkrete alltägliche Leben wählte. Er will es und lebt es ganz ohne Vorbehalt. Durch die Instanz, die er im Rücken hat, die ewige Macht, erhalten die einzelnen Augenblicke des Lebens Ewigkeits- Charakter, in ihnen kann der Ethiker zur Ruhe kommen, jedesmal, wenn sie in der Wiederholung für ihn geschehen.

An diesem Punkt wird der Streit zwischen dem Ethiker und dem Ästhetiker besonders deutlich. Auch für den Ästhetiker kommt es auf den ganz und gar gegenwärtigen Augenblick an. Doch für ihn ist längst nicht jeder Augenblick gleich akzeptabel. Seine Anforderungen sind recht hoch: Vor seinem Urteil kann nur der Augenblick bestehen, der einzigartig, unvergleichlich, überwältigend, verzaubernd, mitreißend ist und in dem das Wunderbare erlebt wird. Alle anderen Augenblicke, die alltäglichen und trivialen, sind unerträglich. Deshalb verbringt der Ästhetiker seine Zeit auch damit, die unbeschreiblichen Momente aufzusuchen und ihnen nachzustreben. In ihnen lebt er. Doch sie sind flüchtig; das Wunderbare verschwindet, und der arme Ästhetiker sinkt verzweifelt in sich zusammen. Das Überwältigende läßt sich nicht so ohne weiteres wiederholen.

Der Ethiker hingegen will den Augenblick, und wohlgemerkt: jeden einzelnen Augenblick, den trivialen ebenso wie den unbeschreiblichen. Das Wunderbare am Augenblick rührt rein gar nicht von dessen vielleicht wunderbarem Inhalt her, sondern allein von der Wahl dieses Augenblicks. Als zeitabhängiges Wesen ist der Mensch nun einmal dazu bestimmt, im - flüchtigen - Augenblick zu leben. Nach Ansicht des Ethikers wird der Augenblick dadurch (und nur dadurch) mit dem Glanz der Ewigkeit erfüllt, daß man ihn wählt, nur dadurch, daß man ihn will. Nur kraft der Instanz, der ewigen Macht, kann man ihn jedoch in diesem Sinne überhaupt wollen. Wenn Augenblick und Wiederholung zusammenfinden, wenn der Augenblick in jedem Augenblick im jeweils neuen Augenblick wiederholt wird, ist die ethische Existenz in Kontinuität und im Zusammenhang etabliert.

So verstanden ist Wiederholung möglich. Behauptet zumindest der Ethiker. Aber der Begriff Wiederholung kann auch eine ganz andere Bedeutung haben oder eine andere Funktion bezeichnen, was zu gewissen Schwierigkeiten führt. Constantins Buch enthält eine Art Novelle, eine Phantasie über Kierkegaards eigene unglückliche Verlobungsgeschichte. Der junge Mann muß mit seiner Geliebten brechen, weil das Verhältnis zu ihr in ihm eine gewaltige dichterische Kraft hat erwachen lassen. Er liebt die Frau innig und bedingungslos. Sie wird für alle Zukunft seine Muse sein, aber seine Ehefrau kann sie unmöglich werden - so ganz gegenwärtig im prosaischen Alltag. Bedichten kann er sie, doch ein Zusammenleben mit ihr erscheint ihm als ein Ding der Unmöglichkeit. Mit Hilfe einer recht komplizierten Psychotherapie versucht er, die Umstände so zurechtzulegen, daß er trotzdem zu ihr zurückkehren und mit ihr eine glückliche Ehe führen kann. Er bezeichnet das als ein »Experiment mit der Wiederholung«. Läßt sich die ehemals glückliche Beziehung ein zweites Mal erleben und somit wiederholen? Das Experiment mißglückt natürlich, und Constantin stellt fest, daß es keine Wiederholung gibt.

Es läßt sich nicht bestreiten, daß wir es hier mit einem recht ausgefallenen Problem zu tun haben, und auch wenn es für die Betroffenen kompliziert genug ist, so fällt es uns als Außenstehenden doch schwer, die Angelegenheit ernstzunehmen. Ich sehe einmal davon ab, daß für Kierkegaard selbst das Verhältnis zu Regine bzw. dessen Wiederaufnahme ein äußerst ernstes Problem darstellte. Er versuchte tatsächlich, eine Art Wiederholung durchzuführen - was jedoch, wie auch im Buch, mißlang. In »Die Wiederholung« wird das Problem in gewisser Weise wie eine ästhetische Spielerei angegangen. Schließlich stammt das Buch ja auch aus der Feder des Ästhetikers Constantin. Doch von diesem Eindruck darf man sich nicht täuschen lassen. Wir befinden uns hier an einem Punkt, der ganz entscheidende Konsequenzen bekommen wird. Lassen Sie uns deshalb einmal die Funktion der Wiederholung unter einem etwas prinzipielleren Gesichtspunkt betrachten.

Einleitend möchte ich darauf aufmerksam machen, daß es sich beim Ethiker um eine Wiederholung des Spießbürgers handelt, jedoch auf höherem Niveau. Wenn wir uns, was uns ja nicht verwehrt ist, einmal vorstellen, daß wir es hier mit einem ganz konkreten Menschen zu tun haben, der zuerst Spießbürger war, später Ästhetiker wurde und als Ethiker endete, dann haben wir darin genau den Funtkionszusammenhang vor uns, den der Begriff »Wiederholung« meint.

Der betreffende Mensch beginnt draußen in der Gesellschaft, völlig in Anspruch genommen von deren vielfältigen Beschäftigungen, doch in verkehrter Weise, nicht als Individuum, sondern als Produkt der unüberschaubar vielen äußeren Einflüsse, denen er ausgesetzt ist. Eines Tages wird ihm das klar. Er durchschaut die Falschheit und Leere - und wird zum Ästhetiker. Das bedeutet in diesem Zusammenhang vor allem, daß er sich zurückzieht und sich ironisch von dem ganzen Narrenspiel distanziert. Allenfalls zum Schein will er noch etwas damit zu tun haben.

Doch das bedeutet, daß er praktisch sein Leben verliert. Das Dasein geht ihm verloren, und das, was er nun lebt, läßt sich nicht mehr als Leben bezeichnen. Sein Grundzustand ist der der Verzweiflung. Für diesen Menschen muß man deshalb die alles entscheidende Frage nach der Wiederholung stellen.

Ist Wiederholung für ihn möglich? Kann er das Leben, das er verloren hat, zurückerhalten – ohne jedoch in der Verlorenheit zu leben, die für sein Spießbürgerdasein so typisch war? Ist es möglich, dieses Leben in authentischer Form zurückzuerhalten, einer Form, die wirkliche Existenz erst ermöglicht?

Diese Frage beantwortet der Ethiker mit einem eindeutigen »Ja!« und seine gesamte Verfasserschaft zielt darauf ab zu zeigen, wie man dieses Problem angehen soll. Das ethische Dasein, so sagt er, sei nur kraft der Wiederholung möglich, wobei »Wiederholung« in den beiden völlig verschiedenen Bedeutungen verstanden werden muß. Man beachte jedoch, daß die letztgenannte Definition von Wiederholung Voraussetzung dafür ist, daß die erstgenannte Geltung besitzen kann.

Wie oben bereits angesprochen, hat der ethische Richter jedoch etwas sehr Wesentliches übersehen, nämlich das Problem der Schuld. Gewiß spricht er de facto von Schuld, recht häufig sogar, doch er hat den Begriff nicht in dessen Tiefe erfaßt, nicht gesehen, daß Schuld ein prinzipielles Problem menschlichen Daseins ist, das die Frage aufwirft, ob man überhaupt jemals frei werden kann von ihr, ob man in solchem Maße Reue üben kann, daß die Schuld verschwindet. Diese Frage stellt Wilhelm nie. Denn wie soll es auch angehen, daß der Mensch sich stets in einem verlorenen Dasein vorfindet und deshalb immer darin seinen Ausgangspunkt nehmen muß? Kann man sich vorstellen, daß Gott den Menschen als ein verlorenes Wesen geschaffen hat?

Das Problem der Schuld ist eine der schwierigsten Fragen, und wir tun gut daran, uns ihm vorsichtig und mit Sorgfalt zu nähern. Lassen Sie uns vielleicht zunächst einmal untersuchen, was mit einem Menschen geschieht, der feststellt, daß er das verloren hat, was für ihn das Leben lebenswert machte und der mit diesem Verlust praktisch seines Lebens beraubt wird. Gibt es für ihn die Möglichkeit der Wiederholung?

Zu dieser Frage hat Kierkegaard ein ganzes Buch geschrieben, das den Titel »Furcht und Zittern« trägt. Sein pseudonymer Verfasser heißt Johannes de silentio – ein merkwürdiger Name, der auf jeden Fall irgend etwas mit Verschwiegenheit zu tun hat. Übrigens kam dieses Buch am selben Tag heraus wie »Die Wiederholung«. Es besteht also offenbar ein innerer Zusammenhang zwischen diesen beiden Werken. Im Gegensatz zu Constantin ist Johannes de silentio jedoch kein Ästhetiker. Er läßt sich wohl eher als Ethiker bezeichnen, der aber im Gegensatz zu Wilhelm bei den Problemen innehält und ausharrt, die mit der Frage der Schuld zu tun haben.

Obwohl er Ethiker ist, weiß Johannes sehr wohl, daß im Leben Dinge geschehen können, die das In-sich-selbst-Ruhen des ethischen Daseins durcheinanderbringen; Ereignisse, die sich nicht bewältigen lassen. Johannes analysiert diese Situationen, indem er eine Reihe von Beispielen aus Geschichte und Literatur unter die Lupe nimmt, die eine Analogie zu dem jungen Dichter aus der »Wiederholung« darstellen. Lassen Sie uns hier vielleicht einmal das Beispiel herausgreifen, das die deutlichsten Parallelen aufweist: Die Geschichte von Agamemnon, der der Göttin Artemis seine Tochter Iphigenie opfern soll.

Bei der Geschichte handelt es sich um eine griechische Sage, die Johannes vor allem aus Euripides' Tragödie »Iphigenie in Aulis« kennt, jedoch für seine eigenen Zwecke gebraucht. Die Geschichte stellt sich in ihren groben Zügen folgendermaßen dar: Die Griechen haben sich versammelt, um über das Meer gegen Troja zu ziehen. Der Führer des Kriegszuges ist Agamemnon. Doch die Göttin Artemis ist zornig, weil man einen ihrer heiligen Hirsche getötet hat, und aus Rache läßt sie einen kräftigen Gegenwind wehen, so daß die Flotte den Hafen nicht verlassen kann. Zur Versöhnung ist sie nur unter der Voraussetzung bereit, daß Agamemnon ihr seine Tochter Iphigenie als Sühnopfer darbringt.

Das ist also der Konflikt, und Johannes de silentio, der Ethiker, stellt nun die Frage, wie sich Agamemnon in dieser Lage verhalten soll. Zwei Möglichkeiten bieten sich ihm: Er kann entweder Iphigenie opfern, damit der Kriegszug gelingt, oder er kann das Unternehmen abblasen und auf diese Weise seine Tochter retten. Als Ethiker muß Johannes natürlich die Frage stellen, welche dieser Möglichkeiten vom ethischen Standpunkt aus gesehen die richtige für Agamemnon ist, welche er wählen soll und damit: worin seine Pflicht besteht.

Abgesehen von Agamemnons Gefühlen liegt eine Schwierigkeit darin, daß wir es hier mit einer Kollision verschiedener Pflichten zu tun haben. Als Vater hat Agamemnon die Pflicht, seine Tochter zu lieben, und dieses Gebot kann er nicht erfüllen, wenn er sie umbringt. Doch zugleich hat er als Führer der Griechen die Pflicht, dem Kriegszug zum Erfolg zu verhelfen, und das kann er nicht, wenn er ihn absagt.

Agamemnon steht hier vor einer schrecklichen Entscheidung. Vom ethischen Standpunkt aus gesehen ist sie jedoch recht unkompliziert: Ethisch gesehen muß er *die* Pflicht erfüllen, die am wichtigsten ist, und das ist in der gegebenen Situation natürlich, das Heer der Griechen zum Sieg zu führen. Denn diese Aufgabe hat Agamemnon gegenüber der gesamten Gesellschaft, an deren Spitze er steht, während die Pflicht gegenüber der Tochter nur diesen einen Menschen betrifft. Die erste Pflicht ist »allgemeiner« als die zweite, und deshalb muß sich Agamemnon für sie entscheiden.

Wenn Agamemnon sich als Ethiker von Format erweisen will, führt er nun eine »Bewegung« durch: Er übt Entsagung, verzichtet auf die Tochter, auf seine Freude und Liebe, seine Zärtlichkeit und Hingabe. Er entsagt unendlich, d.h. er bewahrt keine wie auch immer geartete Hoffnung darauf, daß es vielleicht doch nicht so schlimm kommen oder daß möglicherweise eine unerwartete Wende eintreten werde. In der Entsagung ist Iphigenie praktisch tot für ihn noch bevor er tatsächlich Hand an sie gelegt hat. Im Verhältnis zu Iphigenie gibt es keine Wiederholung.

Auch wenn es sich um zwei sehr unterschiedliche Situationen handelt, könnte man zu der Annahme gelangen, Agamemnon und der Ästhetiker verhielten sich genau gleich: Verzicht leisten, aufgeben, Iphigenie/das Leben beiseite schieben. Doch in Wirklichkeit handelt es sich hier um zwei völlig verschiedene Handlungsweisen. Der Ästhetiker bricht mit dem »Allgemeinen«, tritt aus dem gesamten Dasein aus, hält keine Tätigkeit mehr für wichtig und gesteht keiner Pflicht Gültigkeit zu. Agamemnon hingegen bricht nicht mit dem »Allgemeinen« und stellt sich nicht außerhalb der Gesellschaft. Im Gegenteil: Daß er auf seine Tochter verzichtet und sie tötet, geschieht gerade mit Rücksicht auf das »Allgemeine«. Deshalb gibt es für ihn folgerichtig keine Wiederholung im Verhältnis zu Iphigenie, wohl aber (und zwar in hohem Maße) zum Leben an sich. Er opfert das Liebste, was er besitzt. Aber er hat eine klare Absicht damit. Diese Absicht liegt gerade in einer deutlichen Bejahung des Lebens im »Allgemeinen«, des ethischen Daseins, das er durch die Opferung der Tochter zurückerhält.

Eine wichtige Rolle spielt hier die Tatsache, daß sich Agamemnon im Gegensatz zum Verfasser von »Furcht und Zittern« mitteilen kann. Wir erinnern uns, daß der Autorenname Johannes de silentio etwas mit Schweigsamkeit zu tun hat, mit der Situation, in der man nicht länger sprechen kann, weil es einem unmöglich geworden ist, sich verständlich zu machen. Agamemnon kann sprechen, weil ihn alle verstehen. Voller Mitleid können sie sich in dieser tragischen Situation um ihn scharen, aber auch voller Anteilnahme mit ihm, der er gezwungen ist, so zu handeln und nicht anders. Sogar Iphigenie kann ihn verstehen und seine Entscheidung akzeptieren, wie tragisch diese auch immer für sie sein mag.

Kierkegaards Analyse der Agamemnon-Sage soll u.a. zeigen, daß im ethisch-idealen Leben tragische Komplikationen auftreten können, ohne daß das Ethische als solches jedoch aus diesem Grunde zusammenbricht. Obwohl die Geschichte Agamemnons von einem äußerst ungewöhnlichen Sonderfall ausgeht, kann sie uns doch recht gut als Beispiel für das dienen, was wir in kleinerem Format wohl alle aus eigener Erfahrung kennen. Denn wer ist nicht schon einmal in solch einer Konfliktsituation gewesen, in der er gezwungen war, zu verzichten, Entsagung zu üben?

Mit Hinblick auf das Folgende muß ich auf eine Pointe in Kierkegaards sehr eigensinnigem Sprachgebrauch näher eingehen: Die Sage von Agamemnon zeigt, daß eine teleologische Suspension eines ethischen Gebots möglich ist. Es ist ein ethisches Gebot, daß ein Vater seine Tochter lieben, sie beschützen und sich für sie opfern soll. Eine Situation von der Art, in der sich Agamemnon befindet, zwingt jedoch dazu, dieses Gebot zu suspendieren, es also vorübergehend außer Kraft zu setzen. Agamemnon liebt seine Tochter immer noch, aber er muß sich ihr gegenüber so verhalten, als hasse er sie: Er muß sie umbringen. Doch diese Suspension ist teleologischer Art, d.h. sie dient einem ganz bestimmten Zweck. Sie ist erzwungen durch ein höheres Gebot. Das heißt, daß das Ethische an sich bestehen bleibt. Die Analyse der Sage von Agamemnon hat also nicht an Richter Wilhelms ethischem Grundmodell gerüttelt. Aber Johannes de silentio stellt seine Untersuchungen natürlich nicht als reinen Selbstzweck an. Ihre eigentliche Absicht liegt darin, den Hintergrund für die Analyse eines völlig anderen Beispiels zu bilden, das ebenfalls der Literatur entnommen ist. Es ist dies die Erzählung von Abraham im ersten Mosebuch, der von Gott den Befehl erhält, seinen Sohn Isaak zu opfern.

Diese Geschichte bildet auch das eigentliche Thema des Buches, das Johannes de silentio geschrieben hat. Ähnlich wie Constantin in »Die Wiederholung« kann auch Johannes das, was er schreibt, selbst nicht begreifen. Agamemnon, so sagt er, könne er verstehen, nicht aber Abraham, die Situation, in der jener sich befindet ebensowenig wie sein Verhalten.

Auf den ersten Blick könnte man den Eindruck erhalten, daß sich Agamemnon und Abraham in derselben tragischen Situation befinden: Beide bekommen sie von einem Gott den Befehl, ihr geliebtes Kind zu opfern und beide leisten sie dieser schrecklichen Weisung Folge. Aber gerade weil die Situation in ihren Umrissen dieselbe ist, fällt auch der entscheidende Unterschied ins Auge. Das ganz Besondere an Abrahams Situation besteht darin, daß es keinen in irgendeiner Hinsicht vernünftigen Grund dafür gibt, Isaak zu opfern. Gott nennt weder ein Motiv noch erklärt er seine Absicht, sondern gibt lediglich den Befehl. Während Agamemnons Handeln daher wohlbegründet und ohne weiteres zu verstehen war, ist Abrahams Tun von einem verstandesmäßigen Gesichtspunkt aus betrachtet völlig sinnlos.

Das bewirkt erstens, daß Abraham verstummt (man erinnere sich noch immer der Bedeutung des Verfassernamens!). Er kann sich nicht erklären; weder seiner Ehefrau Sarah, noch dem alten Diener, noch dem Sohn Isaak. Alle würden sie ja nach dem Sinn, dem Zweck dieses Befehls fragen. Doch den gibt es nicht. Niemand würde daher Abraham verstehen können, alle würden sie ihn für wahnsinnig halten.

Zweitens bedeutet die Situation aber auch den Bruch mit dem gesamten ethisch geordneten Dasein, dem »Allgemeinen«. Denn Abraham bringt nicht nur den Sohn Isaak um, wenn er den Befehl ausführt, sondern das gesamte Dasein, allen Sinn, alle Vernunft und jeden Zusammenhang. Indem er den Sohn tötet ohne eine sinnvolle Absicht damit angeben zu können, tötet Abraham in gewisser Weise die Vorstellung von einem Zweck als solchem. Wenn er so handeln kann, gibt es keinen Sinn mehr auf der Welt. Das Ethische als solches wird hier umgebracht. Gerettet werden, dem Urteil, ein geisteskranker Mörder zu sein, entgehen kann Abraham nur, wenn es, wie Kierkegaard dies ausdrückt, eine »teleologische Suspension vom Ethischen« gibt.

Im Fall Agamemnons wurde von einem bestimmten ethischen Gebot aus Rücksicht auf ein anderes bestimmtes, jedoch höheres ethisches Gebot suspendiert. In Abrahams Fall existiert solch ein höheres ethisches Gebot jedoch nicht. Deshalb wird Abraham nicht nur von einem bestimmten ethischen Gebot freigestellt, sondern vom Ethischen an sich. Daher stellt sich die Frage, ob eine Suspension dieser Art »teleologisch« sein, ob sie einen Zweck erfüllen kann. Gesetzt den Fall, daß dies möglich ist, kann es sich dabei jedoch nicht um einen ethischen Zweck handeln. Hinter der Aufhebung des Ethischen an sich kann unmöglich eine ethische Absicht stekken. Wenn es also überhaupt einen Zweck geben sollte, so muß er nicht- und über-ethischer Art sein. Doch wie könnte solch ein Zweck konkret aussehen?

Die Antwort ergibt sich aus der Geschichte selbst. Der Zweck ist religiös. Gott befiehlt die Opferung ohne eine wie auch immer geartete Absicht damit anzugeben. Er befiehlt es bloß - und der Befehl führt dazu, daß Abraham vom ethischen Standpunkt aus gesehen zum Verbrecher wird. - Kann das kennzeichnend sein für das Religiöse?! Kann man aus einem so ganz und gar religiösen Grund wirklich ein Verbrechen begehen und damit das gesamte ethisch geordnete Dasein, das Leben in der Gesellschaft, zerstören?

Wenn man sich daran erinnert, daß Kierkegaards Meinung nach der Mensch die Einheit von Individuum und Gesellschaft ist, versteht man, daß in der Frage, die er hier stellt, eine furchtbare Anfechtung der menschlichen Existenz als solcher liegt. Wenn der Mensch nicht beruhigt in der Gesellschaft leben kann, in ihrem Geordnetsein und ihrem ethischen System, dann kann er überhaupt nicht leben. Nur in Einheit mit der Gesellschaft ist sein Leben möglich.

Man darf jedoch auch etwas anderes nicht vergessen. Kierkegaards Frage ist nicht Ausdruck einer abstrakten Gedankenkonstruktion. Im Verlauf der Geschichte hat der Mensch in unzähligen Fällen nicht nur behauptet, sondern praktisiert, daß es eine teleologische Suspension vom Ethischen gibt - auch wenn man es natürlich nicht mit diesen Worten gesagt hat. Es besteht kein Anlaß, ins Detail zu gehen; wir haben alle eine gewisse Kenntnis der schrecklichen Verbrechen, die aus religiösen Gründen begangen worden sind. Und von etwas anderem, das in Verbindung mit Kierkegaard von größerem Interesse ist, wissen wir ebenso: von zahlreichen Menschen, die aus rein religiösen Gründen ihr Zuhause, ihre Familie und soziale Beziehungen verließen, um als Einsiedler fortzuziehen oder sich ins Kloster einzuschließen. Und man könnte sich nun gut vorstellen, daß ein Mensch wie Kierkegaard die Tendenz haben könnte, auch irgendetwas in dieser Richtung zu machen. Was er jedoch nicht tat.

Mit der eben angesprochenen Frage hat Kierkegaard das Problem auf den Punkt gebracht. Auf der einen Seite kann man ein authentisches Leben nur in Einheit mit der ethisch geordneten Gesellschaft führen. Auf der anderen Seite ist das Religiöse eine übergeordnete Macht, und die Forderung, die Gott an den Menschen stellt, hat Absolutheits-Charakter. Wie kann man nun diese einander widersprechenden Wahrheiten miteinander in Einklang bringen? Oder: Wie läßt sich ein religiöses Leben in der Welt führen?

Die Antwort auf genau diese Frage kann Johannes de silentio nicht verstehen. Er ist zwar in der Lage, das, was Abraham tut, theoretisch nachzuvollziehen, doch wirklich begreifen kann er es nicht.

Der Schlüsselbegriff, auf den es hier ankommt, heißt »Glaube«. Was auch kaum verwunderlich ist, denn schließlich befinden wir uns ja jetzt auf religiösem Gebiet, und Abraham wird gerade als Vater des Glaubens gepriesen. Abraham glaubte also. Aber was heißt das? Johannes' Analyse zufolge tut Abraham zunächst dasselbe, was auch Agamemnon tat: Er macht die »Bewegung des Verzichts«. Als Gott Isaak von ihm fordert, beugt er sich augenblicklich diesem Befehl. Schließlich ist er ja ein frommer Mensch. Aber das bedeutet, daß er nun Isaak aufgibt, auf ihn verzichtet, einsieht, daß der Sohn verloren ist und er selbst ihm den Todesstoß geben soll. Und er verzichtet »unendlich«, gibt sich nicht der verzweifelten Hoffnung hin, daß vielleicht doch noch etwas Unerwartetes geschehen, daß Gott sich eines anderen besinnen werde oder dergleichen. Isaak ist verloren, fertig, aus!

Bis hierher haben wir es nur mit einer Verzichtshaltung zu tun und nicht mit einem Charakteristikum des Glaubens. Und diese Verzichtshaltung stellten wir ja in gleicher Weise bei Agamemnon fest. Erst im nächsten Schritt geschieht das nach Johannes' Ansicht Wunderbare und Unbegreifliche: Nachdem Abraham unendlich verzichtet hat, macht er die entgegengesetzte »Bewegung«: Er glaubt. Die Frage ist jetzt aber, *was* er eigentlich glaubt. Man könnte sich zum Beispiel vorstellen, daß er etwas ganz Religiöses glaubt: Daß er doch eines Tages in der Ewigkeit Isaak wiedersehen oder vielleicht auch, daß ihm Gott, wenn dieses jammervolle Leben erst einmal überstanden sein würde, als Lohn für seinen unbedingten Gehorsam die ewige Seligkeit in der himmlischen Herrlichkeit schenken werde.

Doch solche Vermutungen weist Johannes zurück. Abraham denkt nicht in diesen Bahnen, denn das hätte mit Glauben recht wenig zu tun. Der Glaube hat, wie es ausdrücklich heißt, immer eine Bedeutung »für dieses Leben«; es lohnt sich, das im Hinterkopf zu behalten. Dieses religiöse Wort »Glaube« meint nicht eine Bewegung fort vom gegebenen, gegenwärtigen, zeitlichen Leben. Sich von diesem Leben fortzubewegen, heißt zu resignieren. Doch im Glauben geschieht etwas ganz anderes. »Glaube«, das bedeutet: zurückzubeommen, auf was man verzichtet, was man verloren hat. Glaube ist mit anderen Worten die wahre Wiederholung. Abraham erhält im Glauben nicht nur Isaak zurück, sondern das gesamte Dasein.

Wenn das Ganze jedoch nicht reine Spiegelfechterei sein soll, wenn Johannes wirklich meint, was er sagt - redet er dann nicht dummes Zeug?! Abraham verzichtete ja, und zwar unendlich. Er sah ein, daß es keine wie auch immer geartete Hoffnung mehr gab, und deshalb hoffte er nichts. Angesichts dessen dürfte es unmöglich sein, ein »Trotzdem« zu sagen. Doch gerade das geschieht. Johannes behauptet, daß Abraham »trotzdem« glaubt, und zwar für dieses Leben, an die Wiederholung, daran, daß Isaak trotzdem nicht verloren sei. Wie gesagt: Wenn das Ganze nicht bloße Spiegelfechterei sein soll, dann redet Johannes absoluten Unfug.

In gewisser Weise räumt er das auch selbst ein. Er kann Abraham in seinem Handeln ja nicht verstehen. Doch rein abstrakt kann er festhalten, woran es liegt, daß Glaube verstandesmäßig gesehen als Unfug erscheint, und er führt dies anhand der Definition von »Glaube« vor: Glaube ist nur dann wirklicher Glaube, wenn er »Glaube kraft des Absurden« ist. Glaube befindet sich jenseits aller Rationalität und allen Verstehens. Glaube ist das, was in Aktion tritt, wenn die Vernunft an ihre Grenze gelangt ist.

Aber, so müssen wir beharrlich weiterfragen: Was hat dieser Glaube kraft des Absurden eigentlich zum Gegenstand? Woran genau glaubt der Mensch, wenn er »kraft des Absurden« glaubt? Die Antwort mag banal klingen: Der Glaubende glaubt an Gott. Das Banale verschwindet jedoch, wenn man sich klarmacht, daß das Wort »Gott« nicht länger die Bedeutung hat, die es bisher hatte.

Mann kann behaupten, daß auch Richter Wilhelm an Gott glaubte. Doch das wäre eine banale Behauptung, denn Wilhelm glaubte überhaupt nicht. Nicht, wenn man von Johannes de silentios Definition von Glaube ausgeht. Wilhelm glaubte nicht kraft des Absurden, sondern kraft einer tiefen Rationalität, die sich sogar als rein logischer Schluß formulieren ließ. Und der Gott, an den er glaubte, war kein Gott, der eine unendliche Forderung stellte, sondern lediglich die Instanz, die dem Menschen ein authentisches Leben schenkte und gleichzeitig dem existierenden Gegensatz von Gut und Böse Gültigkeit verlieh. Wilhelms Gott war im Grunde nichts anderes als der Inbegriff des Ethischen. Und solch ein Gott kann natürlich nicht den Anstoß zu einer Suspension vom Ethischen geben. Wilhelm würde Abrahams Position nicht begriffen haben können, und daher ist Johannes de silentio in Wirklichkeit *der* Wilhelm, der inzwischen diese Position bemerkt hat und die Situation deshalb analysieren muß - jedoch außerstande ist, sie zu verstehen.

Der Gott, an den Abraham glaubt, befindet sich nicht im, sondern außerhalb oder oberhalb des ethischen Systems, des »Allgemeinen«. Und gleichzeitig steht er jenseits aller Vernunft. Gott ist nicht rational faßbar, was Kierkegaard zum Ausdruck bringt, indem er sagt, daß der Begriff »Gott« das Unbegreifliche bezeichne. Von Gott kann man deshalb was auch immer erwarten oder: Von Gott kann man das erwarten, was nicht zu erwarten ist. Um all dies, was sich ja nicht völlig angemessen oder schlicht darstellen läßt, auszudrücken, wählt Kierkegaard mit großer Präzision das Wort »Möglichkeit«. Der Glaube glaubt, daß für Gott alles möglich ist. Gott ist, daß alles möglich ist. Oder: Gott ist Möglichkeit schlechthin.

Dieser Gott ist das Absurde, kraft dessen man glaubt, das Unbegreifliche, der, von dem man das Unerwartete erwarten kann, weil er Möglichkeit schlechthin ist. Um einem Mißverständnis vorzubeugen, durch das das Ganze zur Banalität werden könnte: Die Möglichkeit, die Gott ist, liegt da vor, wo es keine Möglichkeit mehr gibt. Oder um dasselbe mit anderen Worten zu sagen: Die religiöse oder christliche Hoffnung ist die Hoffnung, die da lebt, wo die Möglichkeit irgendeiner Hoffnung nicht länger existiert.

Kierkegaard hat darüber eine erbauliche Rede geschrieben (nein, das ist nicht ganz richtig: In Wirklichkeit hat er viele Erbauliche Reden zu diesem Problem geschrieben, doch eine hat hier ganz besonders ihr Thema: Die Hoffnung, die im Glauben liegt im Gegensatz zu den vielen Hoffnungen des Menschen. Wenn wir uns in unserem Alltag etwas erhoffen, müssen zwei Voraussetzungen erfüllt sein: Erstens müssen wir angeben können, worauf sich unsere Hoffnung richtet: Daß am Sonntag die Sonne scheint, daß wir in der Lotterie gewinnen, daß das Mädchen »ja« sagt. Manchmal können wir zwar nicht genau sagen, was wir erhoffen, es aber doch zumindest allgemein benennen: daß die Zeiten besser werden zum Beispiel oder daß es vorangeht in unserem Leben.

Zweitens müssen wir angeben können, weshalb wir uns Hoffnung machen, worauf sich unsere Hoffnung also gründet: darauf, daß der Wetterbericht Sonnenschein ankündigt, daß wir zehn Lose gekauft haben, daß das Mädchen so ermunternd lächelt. Wenn wir keinen einzigen, wenn auch noch so geringen Grund nennen können, dann hoffen wir in Wirklichkeit gar nicht. Wenn ich nicht mindestens ein Los gekauft habe, kann ich unmöglich darauf hoffen, zu gewinnen. In der Praxis haben wir im übrigen auch nicht nur eine einzige Hoffnung, sondern viele verschiedene. Unser Leben ist praktisch voll von Hoffnungen. Einige davon erfüllen sich, andere nicht, und im Vertrauen darauf, daß es das nächste Mal schon klappt, werden wir - vielleicht - auch mit Enttäuschungen fertig.

Mit der religiösen Hoffnung verhält es sich anders. Es ist unmöglich, mit auch nur einigermaßen angemessener Bestimmtheit zu sagen, worauf genau sie sich richtet. Was darin zum Ausdruck kommt, daß wir erklären, auf Gott zu hoffen - und Gott ist das Unbegreifliche, von dem wir das Unerwartete erwarten können. Worin das Unerwartete liegt, läßt sich natürlich nicht sagen. Denn dann wäre es ja nichts Unerwartetes mehr. Und es läßt sich kein Grund für die religiöse Hoffnung angeben. Kierkegaard bringt das darin zum Ausdruck, daß er den Begriff »das Absurde« verwendet. Und das Absurde wiederum läßt sich nicht anders beschreiben als mit dem Hinweis auf Gott. Das Absurde, daß für Gott alles möglich ist.

Mit diesen Bezeichnungen, die in enger Beziehung zueinander stehen - Gott als das Unbegreifliche, der Glaube kraft des Absurden, die Möglichkeit schlechthin und Hoffnung auf das Unerwartete - ist das Religiöse als eine neue, höhere und abgesonderte Dimension des Daseins beschrieben. Doch es sei hier noch einmal darauf hingewiesen, daß diese Dimension keinesfalls an die Stelle des ethischen Lebens innerhalb der gegebenen Gesellschaftsordnung treten, es erstatten oder mit ihm konkurrieren darf. Diese Annahme - daß das Religiöse das ethische Leben ersetzen soll - erscheint zugegebenermaßen zunächst einmal sehr naheliegend, denn schließlich ist es wieder und wieder so verstanden und definiert worden. Doch Kierkegaard geht also einen anderen Weg. Für ihn liegt die Funktion des Religiösen nur darin, das gewöhnliche Leben zu ermöglichen, Tag für Tag und an dem Platz innerhalb der Gesellschaft, den man nun einmal zugeteilt bekommen hat. Und dieses Leben zu führen, ist, davon zeigt sich Kierkegaard überzeugt, nur kraft des Religiösen möglich.

Bisher haben wir mit Hilfe des Religiösen lediglich zu erklären versucht, wie sich Abraham so verhalten kann, wie er es tut: unendlich auf Isaak zu verzichten und doch im Glauben wieder bei ihm zu sein - und ihn deshalb ja auch glücklich entgegenzunehmen, als Gott eingreift und ihn rettet. Möglicherweise ist das eine höchst geniale Deutung der alten Geschichte. Aber ist die Geschichte nicht immer noch recht unsinnig? Das Ganze wirkt wie ein seltsames Narrenspiel, das Gott mit Abraham treibt. Erst verlangt er, daß dieser seinen Sohn töten soll; und als Abrahaam sich als gehorsam erweist, zieht er seinen Befehl wieder zurück. Wozu das Ganze?! - »Wir haben es hier mit einer Prüfung zu tun« wird man sagen. Doch diese Antwort hilft uns auch nicht viel weiter, denn »Prüfung« entstammt ja dem religiösen Sprachgebrauch, und es gibt keinen rechten Sinn, das Religiöse mit einem religiösen Begriff begründen zu wollen. Konsequent weitergedacht heißt das, daß wir eigentlich alle Begriffe streichen können, mit denen wir bisher zu tun gehabt haben und uns stattdessen dem menschlichen Leben zuwenden, wie es sich in der Realität zeigt. Was bedeutet, daß wir zurückkehren müssen zu Richter Wilhelm und so die Abraham-Erzählung das sein lassen, was sie ist: eine alte Geschichte.

Ich kann es auch so sagen: Lassen Sie uns einräumen, daß Johannes de silentio Recht hat in seiner Deutung, daß Abra-

ham Isaak kraft des Glaubens und kraft all der anderen religiösen Dinge zurückerhält. Doch was geht uns das eigentlich alles
an? Abraham ist schließlich eine höchst sonderbare Ausnahme. *Uns* passiert es ja nicht, daß wir einen direkten Befehl
von Gott erhalten, unseren Sohn zu opfern oder andere
schreckliche Dinge zu tun. Wie kann uns Abraham also Vorbild sein? - Das kann er nur aufgrund des Begriffs, den ich bereits mehrmals kurz erwähnt, bisher jedoch noch nicht ausführlich behandelt habe: aufgrund des Begriffs »Schuld«.

VIII Das Problem der Schuld

»Schuld« ist ein furchtbar komplizierter und gleichzeitig ganz zentraler Begriff im Judentum, Christentum und Islam. Auch die Griechen zerbrachen sich den Kopf darüber, ohne sich jedoch jemals einig zu werden, welche Bedeutung ihm zukommt. Wir haben allen Grund, der Frage der Schuld etwas genauer nachzugehen, denn für Kierkegaard mußte »Schuld« zu dem Begriff werden, der in entscheidender Weise das Religiöse begründet.

Kierkegaard war sich im klaren darüber, daß »Schuld« sich auf verschiedenen Ebenen befindet und daher auch ganz oberflächlich verstanden werden kann. Für den Spießbürger gibt es diesen Begriff im Grunde genommen gar nicht, und wenn er ihn trotzdem verwendet, dann im banalen Sinne. Der Spießbürger geht davon aus, daß er Schuld an etwas haben und somit auch schuldig werden kann. Das geschieht, wenn er gegen die geltenden Normen verstößt. Das mag recht schlimm sein, aber er kann sich ja davon freikaufen, das Verbrochene wiedergutmachen, eine Geldbuße zahlen, vielleicht, wenn es sich um einen besonders gravierenden Verstoß handelt, eine Gefängnisstrafe absitzen. Damit ist dann die Schuld für ihn aus der Welt geschafft, und er kann dort weitermachen, wo er aufgehört hat. Diese Einstellung ist genauso durchgehend illusorisch, wie das Leben des Spießbürgers als solches. Wenn er diese Illusion durchschaut und zum Ästhetiker wird, macht er auch kurzen Prozeß mit dem Begriff Schuld. Für ihn ist er nichts als pures Gefasel.

Für Ethiker Wilhelm erhält alles seinen Ernst, die Schuld natürlich auch. Doch trotzdem nimmt er sie nicht ernst genug, denn auch er versteht sie als etwas Einzelnes und Konkretes. Innerhalb der ethischen Existenz ist man tatsächlich Schuld an etwas und kann daher auch schuldig werden. Man will sich selbst, und deshalb will man wirklich das, was man will. Die Vorstellung von Gut und Böse hat Gültigkeit und ist mit Inhalt gefüllt. Deshalb wird man schuldig, wenn man das Böse wählt. Darin besteht der Ernst des Ethischen. Doch wie soll man sich nun angesichts dessen verhalten?

Man kann das Böse, das man getan hat, wiedergutmachen. Und falls es so schlimm ist, daß sich der Schaden nicht ohne weiteres reparieren läßt, dann kann man ja zumindest das Geschehene bereuen; und wer wird schon einem reuigen Sünder die Vergebung vorenthalten?! Schuld erinnert hier an die Zaubermelodie, von der der Volksglaube spricht und die den Menschen verhexen kann. Wird sie jedoch rückwärts gespielt, dann verschwindet der Zauber wieder und man ist frei.

Die Pointe liegt bei dieser Lebenseinstellung darin, daß sich der Mensch nicht von Anfang an im Zustand der Schuld befindet und deshalb nicht seinem Wesen nach schuldig ist. Genauso, wie er körperlich prinzipiell gesund ist bis er von einer Krankheit getroffen wird, davon geheilt und wieder in den alten Zustand versetzt wird, ist er für Wilhelm auch ethisch prinzipiell »gesund«. Seinem Wesen nach ist der Mensch schuldlos. Er kann durch irgendeine bestimmte Handlung schuldig werden und dann natürlich auch schuldig sein, ohne daß diese Schuld jedoch absolut verstanden werden darf, sondern nur im Hinblick auf diese bestimmte Situation. Sobald er in sich geht, sich bereuend der Schuld entzieht und ihm vergeben wird, ist sie auch schon verschwunden und er ist wieder das, was er ja seinem Wesen nach immer schon war: schuldlos.

All diese Definitionen von Schuld hören sich sehr vernünftig an, und normalerweise kommt man mit ihnen auch ganz ordentlich durchs Leben. Es gibt aber auch Situationen, in denen man den Vorwurf, schuldig geworden zu sein, ablehnen und entschieden zurückweisen muß. Im Grunde kann man jede x-beliebige Begebenheit im Leben zu solch einer Situation machen, wenn man nur mit genügend Energie darangeht. Der Grund dafür, daß man das kann, liegt sehr tief, und Kierkegaard mag ihn von Sokrates gelernt haben. Der springende Punkt ist der, daß Sokrates zufolge kein Mensch mit vollem Bewußtsein das Böse wollen kann. Man kann sehr wohl etwas wollen und bewußt wählen, was faktisch böse ist; aber nur, weil man - irrtümlicherweise - glaubt, es sei das Gegenteil, das Gute also. Folglich kann man zwar Schuld für eine böse

Handlung haben, muß jedoch den Vorwurf zurückweisen, daß man durch diese Handlung Schuld auf sich geladen habe. Denn schließlich war man ja der festen Überzeugung, daß das, was man tat, auf jeden Fall nicht böse war, sondern vielleicht sogar gut. Deshalb weist man die Schuld von sich, man entschuldigt sich. Und dies, immer noch Sokrates zufolge, mit vollem Recht, denn das Problem liegt ja nicht darin, daß der Wille etwa böse war, sondern darin, daß der Handlung eine falsche Erkenntnis zugrunde lag.

Für Kierkegaard eröffnen sich besonders inspirierende Perspektiven, wenn er sich Situationen zuwendet, in denen ein Mensch plötzlich entdeckt, daß er Schuld auf sich geladen hat und von allen als schuldig betrachtet wird, ohne jedoch begreifen zu können, wie es dazu gekommen ist. Schritt für Schritt hat er das getan, was er im jeweiligen Augenblick für richtig halten mußte. Trotzdem entdeckt er an an irgendeinem Punkt in diesem Handlungsablauf, daß er praktisch schuldig geworden ist. Wie konnte es dazu kommen?

Das ist die Lage, in der sich der junge Dichter-Sproß in »Die Wiederholung« und Quidam in »Schuldig - Nicht-schuldig?« befinden. Beidesmal geht es um eine Verlobungsgeschichte, im gleichen Stil wie Kierkegaards eigene; das Ganze hat also einen höchst persönlichen Hintergrund. Quidam ist religiös ausgerichtet, während man den Dichter in »Die Wiederholung« fast als Ästhetiker bezeichnen kann, was damit zusammenhängt, daß er ja Dichter ist. Beide sind sie jedoch ernste Menschen, die nichts auf die leichte Schulter nehmen oder vor etwas davonlaufen wollen. Und trotzdem kann keiner von ihnen eindeutig und wirklich bekennen, schuldig zu sein. Der Dichter ist indigniert und rasend. In den Briefen, die er schreibt, läßt Kierkegaard ihn sich mit ungeheuer flammender Leidenschaftlichkeit gegen die Behauptung auflehnen, schuldig zu sein. Der Dichter fühlt sich durch einen Betrug in die Situation der Schuld hineingepreßt, und er lehnt es ab, sie auf sich zu nehmen.

Der Grund für die Schwierigkeiten, die der Schuldbegriff bereitet, liegt darin, daß man ihn rein ethisch verstehen will. Schließlich scheint das auch ganz einleuchtend zu sein, denn

Schuld ist ja tatsächlich - auch - ein ethischer Begriff. Wenn man ihn jedoch *nur* ethisch versteht, dann versteht man ihn gar nicht. Schuld ist nämlich *die* Vokabel innerhalb des Ethischen, die den Ausblick auf die religiöse Dimension eröffnet, und erst wenn man den Begriff der Schuld im Zusammenhang mit dem Religiösen betrachtet, hat man ein Pack-Ende gefunden - aber freilich: ein religiöses Pack-Ende.

Diese Erkenntnis bringt Kierkegaard natürlich ganz groß heraus und er läßt sehr unterschiedliche Verfasser eine Analyse vornehmen.

Da ich im Vorhergehenden ein klein wenig ungerecht gegen Wilhelm gewesen bin, möchte ich gern bei ihm beginnen. Ihm fehlt nämlich nicht ganz und gar das Gefühl dafür, daß der Begriff Schuld irgend etwas mit dem Religiösen zu tun hat. Er kann es nur selbst nicht richtig ausdrücken. Deshalb erfindet Kierkegaard einen neuen Autor hinter Wilhelm, einen alten Studienfreund, der als Pfarrer in der jütländischen Heide lebt. Dieser schickt Wilhelm eine Predigt, die er zwar erst im nächsten Jahr halten will, aber jetzt schon geschrieben hat. Ihr Thema lautet: »Das *Erbauliche* an dem Gedanken, daß wir wider Gott *immer* Unrecht haben.«

Das hört sich seltsam an. Wieso soll es ausgerechnet erbaulich sein, gegen Gott Unrecht zu haben? Man sollte meinen, es verhalte sich genau umgekehrt und wirke entmutigend. Was ist es, das die Situation, gegen Gott im Unrecht zu sein, zu etwas Erbaulichem macht? - Das ist die Liebe! Die unendliche Liebe zu Gott bewirkt, daß man gegen ihn stets Unrecht haben möchte. Darin liegt die christliche Freude und Beruhigung. Man ist versöhnt mit sich selbst und mit seinem Leben. Gleichgültig, was auch geschehen mag, man kann nicht ins Gericht gehen mit Gott, denn wider ihn hat man immer Unrecht.

Die unendliche Liebe zu Gott! Das ist die Leidenschaft, das, was der Mensch in seinem Innersten ist. Zuerst erschien sie in Form von Don Juans zügel-, grund- und gegenstandsloser Begierde. Danach zeigte sie sich in Wilhelms ethisch begründeter Liebe zum anderen Menschen, der Ehefrau. Nun hat die Leidenschaft ihr eigentliches Ziel erreicht, die religiöse

Liebe zu Gott. Und man erinnere sich daran, daß Gott ja keine Person ist, die man so ohne weiteres lieben kann. Gott ist das Unbegreifliche, das Ewige, das Schlüsselwort innerhalb der religiösen Dimension.

Die Liebe zu Gott ist der religiöse Ausdruck für die Unendlichkeit der Leidenschaft, für das Ewige in ihr. Und in dieser Gestalt stellt die Leidenschaft der Liebe eine jenseits des Ethischen und Allgemeinen liegende Beziehung des Menschen zu der religiösen Dimension dar, in der alles rational unbegreiflich ist.

»Unrecht gegen Gott haben« ist eine Umschreibung für den Begriff »Schuld«, und deshalb hat der anonyme jütländische Pfarrer in seiner Predigt das Problem auf den Punkt gebracht. Das Charakteristische an der Schuld liegt darin, daß sie immer Schuld gegen Gott ist. Wenn man bislang mit dem Begriff Schuld nicht zurechtkam, lag das daran, daß man den Gottesbegriff außer Acht gelassen hatte. Schuld spielte sich in der Beziehung zwischen zwei Beteiligten ab, zwischen mir und einem anderen, gegen den ich mich ins Unrecht gesetzt hatte. Im Verhältnis zu einem anderen Menschen habe ich jedoch nie absolut Unrecht. Ich habe teils Recht, teils Unrecht, und es ist unmöglich, zu sagen, wie groß mein Schuld-Anteil tatsächlich ist. Diese Erfahrung dürfte uns allen geläufig sein. Sie findet ihren Niederschlag in der Floskel, daß die Schuld immer auf beiden Seiten liege. In einer wirklichen Krise zwischen zwei Menschen ist es immer unmöglich, der Frage auf den Grund zu kommen, wer woran genau die Schuld trägt.

Aus dieser Erfahrung hat Kierkegaard die Konsequenz gezogen: Im bloß ethischen Leben, in der zwischenmenschlichen Beziehung, ist Schuld letztendlich ein unmöglicher Begriff. Erst wenn wir es nicht mehr nur mit einer Beziehung zwischen zwei Beteiligten, sondern dreien zu tun haben - denkt man sich also Gott als in die Beziehung mit aufgenommen-, läßt sich von Schuld reden. Nun aber nicht als Schuld gegen den Anderen, sondern gegen Gott. Also nicht ethisch verstanden, sondern religiös.

In der Beziehung zu Gott befinde ich mich immer in einem Zustand absoluter Schuld. Und deshalb muß ich alle Selbstgerechtigkeit aufgeben und auch zu meiner Schuld gegen den anderen Menschen stehen. Neben der Liebe zu Gott gibt es ja bekanntermaßen auch die Liebe zum Nächsten. Diese beiden Erscheinungsweisen verkörpern nicht zwei verschiedene Formen von Liebe. Etwa derart, daß ich möglicherweise die eine in die Tat umsetzen könnte, nicht aber die andere. Wenn ich nur eine der beiden Erscheinungsweisen verwirkliche, verwirkliche ich keine von beiden. Oder: Die Liebe zu Gott ist die Voraussetzung dafür, daß ich meinem Mitmenschen in wahrer Nächstenliebe begegnen kann.

Doch Kierkegaard hat etwas anderes zu diesem Thema zu sagen. Denn es ist nun noch nicht so ganz klar, wie der verzwickte Begriff Schuld etabliert werden kann. Ein mehr philosophisch orientierter Autor als der jütländische Pfarrer, der Verfasser von »Philosophische Brocken« und »Abschließende unwissenschaftliche Nachschrift«, Johannes Climacus, versucht das Problem zu klären, indem er einen neuen Begriff einführt: die »ewige Seligkeit«. - Das heißt, ein neuer Begriff ist das - vorsichtig ausgedrückt - doch nicht. Denn im Christentum hat man ja immer schon von der ewigen Seligkeit als dem Ziel aller frommen Bestrebungen gesprochen. Doch Kierkegaard verwendet den Ausdruck natürlich auf seine eigene Weise.

Das findet seinen Niederschlag darin, daß Climacus sich zwar dieses Wortes »ewige Seligkeit« bedient, jedoch in dem Moment, da ihm die Frage gestellt wird, was um alles in der Welt er damit meine, einräumen müßte, daß er dies wirklich nicht einmal ahne. Und das liegt sicherlich nicht daran, daß er, Climacus, sonderlich dumm oder unwissend wäre, denn worin die ewige Seligkeit besteht, ahnt auch sonst niemand. Es gehört gleichsam zu ihrer Definition, daß niemand etwas über sie weiß. Und das ist auch ganz in Ordnung so. »Ewige Seligkeit« bezeichnet ja ausschließlich etwas Religiöses, und wie wir bereits feststellten, liegt eine Eigentümlichkeit aller religiösen Vokabeln darin, daß sie unbegreiflich sind. So, wie zum Beispiel der Gottesbegriff das Unbegreifbare bezeichnet und die religiöse Hoffnung die Hoffnung ist, die da vorliegt, wo es keine Hoffnung gibt, die religiöse Möglichkeit die Möglichkeit meint, die sich dort zeigt, wo keine Möglichkeit mehr vorhanden ist und der religiöse Glaube stets Glaube kraft des Absurden ist.

Wenn sich aber die ewige Seligkeit nicht inhaltlich fassen läßt, dann läßt sich mit diesem Begriff auch nichts aussagen. Wie die Dinge stehen, kann man zwar nicht sagen, worin die ewige Seligkeit besteht, wohl aber, wie man sie erwirbt. Nämlich indem man bedingungslos alles opfert! Man kann nicht um sie schachern, sondern sie nur zum höchsten Preis erkaufen. Die ewige Seligkeit ist das absolute Ziel des Lebens, und zu diesem Ziel muß man in einer absoluten Beziehung stehen. Wie der Mann im Gleichnis, der alles verkaufte, um die kostbare Perle zu erwerben.

Die ewige Seligkeit gehört offenbar mit zur Leidenschaft. Wenn die Leidenschaft »getauft« worden ist, zeigt sie sich als Liebe zu Gott, und in dieser Form ist sie notwendigerweise unendlich. Wenn man Gott nur endlich liebt, macht man aus ihm einen Götzen. Die ewige Seligkeit ist das definitive Ziel der unendlichen Leidenschaft, das sich in der ewigen Dimension des Religiösen befindet, wo alles unbegreiflich ist.

Durch die ewige Seligkeit als höchstes Ziel der Leidenschaft wird der Begriff Schuld etabliert. Im Leben steht ja immer das Problem der Schuld zwischen den Menschen, dieser ärgerlichen ethischen Schuld, die nie richtig greifbar wird, aber trotzdem da ist. Unaufhörlich laden wir sie uns in größerem oder kleinerem Umfang auf. Und obwohl sie sich nicht richtig definieren läßt, können wir ihr Vorhandensein nicht so ohne weiteres bestreiten. Setzt man diese beiden Dinge in Beziehung zueinander, die ärgerliche teilweise Schuld und die ewige Seligkeit als höchstes Ziel der Leidenschaft, so geschieht die Verwandlung. Die ethische Schuld wird zur religiösen Schuld und erhält dadurch auf der Stelle unendliche Ausmaße.

Aus einer größeren oder kleineren wird sie zur absoluten Schuld. Für das, wofür ich zuvor nur teilweise schuldig war, trage ich nun eine unendliche Schuld, die bis in alle Ewigkeit auf mir lasten wird. Das, was ich vorher nur irgendwie bearbeiten (z.B. bereuen) mußte um es wieder loszuwerden, hält mich nun gefangen, und keine noch so großen Anstrengungen helfen mir aus dieser Gefangenschaft heraus. Schon die geringste Schuld erhält unendliche Ausmaße, weil sie mir unwiderruflich die Möglichkeit nimmt, das höchste Ziel der Leidenschaft, die ewige Seligkeit, zu erreichen.

Kierkegaard läßt noch einen dritten Verfasser einige wichtige Anmerkungen zur Schuld machen. Es ist der auch psychologisch in die Tiefe gehende Vigilius Haufniensis (»Der Kopenhagener Nachtwächter«) mit seinem Buch über den Begriff der Angst. Darin versucht Vigilius, sich mit seiner epochemachenden tiefenpsychologischen Analyse der Angst dem Erbsünden-Dogma zu nähern. Der Grund liegt darin, daß Schuld etwas ist, was man sich durch eine Handlung zuzieht. Deshalb müssen erst einmal die Bedingungen untersucht werden, die der Möglichkeit zu handeln zugrunde liegen.

Es ist das alte Problem des Wählen-Könnens, das Vigilius hier aufgreift. Und indem er es genau unter die Lupe nimmt, werden schreckenerregende Dinge sichtbar. Im wahrsten Sinne des Wortes. Angst stellt sich ein: Vor dem Nichts bzw. vor der *Möglichkeit,* die ja noch nicht ist, ohne jedoch einfach nichts zu sein, die Angst vor dem Können als solchem. Diese Angst umgibt jede Entscheidung und jedes Handeln. Denn durch meine Entscheidung und die daraus resultierende Handlung entsteht Wirklichkeit und wird Möglichkeit zerstört, und ich, der ich wähle und handele, bin der Schuldige.

Das wirklich Schreckenerregende ist jedoch nicht die Angst als solche. Es zeigt sich, daß sie letztendlich sogar eine erlösende Funktion hat, denn mit Hilfe des Glaubens erzieht sie den Menschen dazu, in der Vorsehung zu ruhen, in Gott. Das Schreckenerregende liegt in einem Widerspruch innerhalb des Schuld-Begriffs, der sprachlich gerade in der klassischen Lehre von der Erbsünde deutlich wird. Denn inwiefern läßt sich eigentlich überhaupt von »Erbsünde« sprechen?

Wenn die Betonung darauf liegt, daß die Sünde ererbt ist, kann ich unmöglich die Schuld dafür tragen. Ich kann nicht für das verantwortlich gemacht werden, was ich geerbt habe, gleichgültig, ob es sich dabei um äußere Dinge wie Geld oder ähnliches handelt oder um die körperlichen und seelischen Eigenarten, die ich von meinen Vorfahren mitbekommen habe.

Wird Sünde also verstanden als Erbsünde, dann kann sie nicht Schuld, nicht meine Schuld, sein, sondern nur ein böses Verhängnis, das unverschuldeterweise über mich gekommen ist.

Und umgekehrt: Wenn die Sünde tatsächlich meine Schuld ist, dann kann ich sie nicht ererbt, sondern muß sie persönlich begangen haben. Doch in dem Fall würde all das gelten, was wir oben festgestellt haben: Die Schuld würde nicht als etwas Wesentliches zum Menschen gehören. Sie wäre nur dieses Einzelne und Bestimmte, also ohne Absolutheits-Charakter. Eigentlich und wesentlich wäre ich - einmal abgesehen von diesem begrenzten Bereich - schuldlos. Und diese teilweise Schuld würde keine ernsthaften Konsequenzen mit sich bringen, sondern in tausend Entschuldigungen untergehen.

Man scheint hier in einem Dilemma gefangen zu sein: Entweder ist die Sünde ein böses Geschick, für das ich wirklich nicht verantwortlich bin, oder Schuld ist letztendlich etwas recht Unwesentliches, von dem ich mich jederzeit distanzieren kann. Nichts desto trotz will das Erbsünden-Dogma beide Gesichtspunkte festhalten. Schuld ist etwas Schicksalhaftes in dem Sinne, daß sie wesentlich zu mir gehört, ich in ihr gefangen bin. Und doch ist sie meine Schuld, so verstanden, daß ich für sie verantwortlich bin; sie ist gerade nicht Schicksal, sondern Schuld.

Wenn Vigilius zeigen will, wie er an diesen beiden sich widersprechenden Positionen festhalten kann, dann gelangt er - natürlich - zu dem nun bekannten Mechanismus: Mit dem Begriff Schuld verhält es sich genauso, wie mit dem Begriff Gott und wie überhaupt mit allen religiösen Dingen. Man kann nicht so ohne weiteres bei ihnen anfangen und sie daraufhin zum Gegenstand einer systematischen Spekulation machen. Man muß dagegen erst einmal zu ihnen gelangen, auf sie stoßen - zu irgendeinem Zeitpunkt und an irgendeiner Stelle seiner persönlichen Entwicklung. Im selben Moment zeigt sich jedoch, daß man sie nicht mit Hilfe der Umstände, durch die sie herbeigeführt wurden, begründen kann. Sie weisen über diese Umstände hinaus, und schließlich wird klar, daß sie sich nur durch sich selbst begründen lassen. Darin besteht ihre Ewigkeit, ihr a-historischer Charakter.

Schuldig wird man im Zusammenhang mit einer bestimmten Handlung. Versucht man jedoch, die Schuld an diese Handlung zu binden, sie durch das zu begründen, was die betreffende Handlung und Situation charakterisiert, wird es zur Unmöglichkeit, sie zu fassen. Wirklichkeit erhält die Schuld erst, wenn ich entdecke, daß ich mit ihr anfangen muß, wenn ich erkenne, daß sie bereits da war, bevor ich sie mir zuzog, daß sie durch sich selbst begründet werden muß und deshalb immer schon da gewesen ist, wo ich bin. Diesen Mechanismus meinten die Alten, wenn sie von der Erbsünde sprachen.

Eigentlich hatte ich mir vorgenommen, in diesem Buch nicht Kierkegaard selbst zu zitieren. An dieser Stelle möchte ich jedoch einmal eine Ausnahme machen. Ganz zum Schluß in seinem Buch schreibt Vigilius:

»Wer nur durch die Endlichkeit sein Schuldigsein kennenlernt, ist an die Endlichkeit verloren, und endlich läßt sich die Frage nicht entscheiden, ob ein Mensch schuldig ist, abgesehen von einer äußerlichen, juristischen, höchst unvollkommenen Weise. Wer daher seine Schuld nur durch Analogien zu Urteilen eines Polizeigerichts oder des Obersten Gerichtshofs kennenlernt, faßt eigentlich nie, daß er schuldig ist; denn ist ein Mensch schuldig, so ist er unendlich schuldig.«

»Unendlich« und »ewig« - das sind die Adjektive, die für alle religiösen Begriffe gelten. Mit dem Verstand lassen sie sich nicht fassen, denn etwas rational begreifen, heißt, es aufgrund seiner (nämlich des zu Begreifenden) Voraussetzungen verstehen. Doch die religiösen Begriffe haben nichts anderes zur Voraussetzung als sich selbst. Doch dafür sind *sie* die Voraussetzung für das wahre Verstehen alles anderen.

IX Das religiöse Leben

Wir können nun die Kombination vornehmen, die zeigen soll, was es für Kierkegaard heißt, ein religiöses Leben in der Welt zu führen. Wir verließen die berühmte Analyse der Abraham-Situation. Abraham war der Vater des Glaubens. Er befand sich in der Krise, in der es keine Möglichkeit mehr gab und keine Hoffnung. Gott forderte Isaak, und folglich war Isaak verloren. Das sah Abraham ein, und deshalb verzichtete er unendlich auf den Sohn. Doch dann tat er das Wunderbare: Er glaubte - kraft des Absurden. Er hielt an der Hoffnung fest, obwohl es keine Hoffnung mehr gab und an der Möglichkeit, obwohl keine Möglichkeit mehr da war. Er glaubte Gott, der Möglichkeit schlechthin ist. Doch all das ist absurd: Gott, Hoffnung, Möglichkeit. Und deshalb wird im Glauben daran die gegebene rationale Welt durchbrochen und eine Beziehung zu der religiösen Welt aufgenommen, in der von einem vernunftsmäßigen Standpunkt aus gesehen alles unbegreiflich ist. Deshalb ist übrigens auch die Beziehung zur religiösen Welt gerade nicht rational, hat ihren Grund nicht in der Vernunft, sondern im Glauben, der sich erst dort zeigt, wo die Vernunft ihre Grenzen erreicht.

Damit keine Mißverständnisse aufkommen: Glaube kraft des Absurden ist nicht identisch mit Glaube an das Irrationale. Kierkegaard gibt sich nicht damit ab, an das Irrationale zu glauben. Wenn man ganz genau sein will, kann man sagen, daß Kierkegaard überhaupt nicht *an* irgend etwas glaubt. Glaube ist keine Erkenntnis, keine Annahme, keine Ansicht, die man zu irgend etwas hat. Es heißt ja auch nicht »Glaube an das Absurde«, sondern »Glaube kraft des Absurden«. Streng genommen hat der Glaube keinen Gegenstand im üblichen Sinne. Man kann zwar vom »Glauben an Gott« sprechen, doch Gott ist ja das Unbegreifliche und deshalb nichts, was man in dem Sinne zum Gegenstand eines intellektuellen Prozesses machen könnte. Man sollte deshalb lieber sagen: »Glaube kraft Gottes«. Denn Glaube bezeichnet eine Einstellung, ein Sich-Verhalten oder eine Art zu sein, eine Existenzform.

Daher ist es falsch, zu fragen, *woran* Abraham denn eigentlich glaubt. Daß er kraft des Absurden glaubt, bedeutet, daß er die ganze Zeit bei Isaak ist, mit ihm zusammenlebt, wie ein Vater mit seinem Sohn, daß er - nachdem er den Sohn im Verzicht »unendlich« verlassen hat - im Glauben gleichzeitig völlig beruhigt mit ihm zusammen ist, als ob nicht die geringste Gefahr bestünde. Glaube bedeutet ja Wiederholung, in diesem Zusammenhang also, daß Abraham den Sohn, nachdem er ihn verloren hat, sofort wieder zurückbekommt. Sofort! Nicht erst als Gott eingreift, die Opferhandlung aussetzt und Abraham einen Bock anstelle Isaaks opfern läßt. Ganz und gar nicht! Abraham erhält Isaak augenblicklich zurück. Während sie den langen Weg zum Opferberg ziehen, ist also Abraham ruhig gegenwärtig, gemeinsam mit Isaak, so, als wären sie bloß auf dem Weg zu irgendeinem Verwandten. Zum Schluß, als Gott eingreift, zeigt es sich, daß ein religiöses Leben Geborgenheit vermittelt - ein religiöses Leben aus dem Glauben kraft des Absurden, daß Gott die absurde Möglichkeit schlechthin ist, dort, wo alle rationalen Möglichkeiten unmöglich geworden sind.

Vielleicht sollten wir noch einmal festhalten, daß dies das ist, was Kierkegaard unter »religiösem Leben« versteht. Sein Inhalt ist das tatsächliche Leben, das dem Menschen gegeben ist - und weder eine tiefe Innerlichkeit in mystischer Meditation noch ein frommes Leben in Erwartung der ewigen Seligkeit. Und das, obwohl Kierkegaard eine Menge sowohl über das innere Leben sagen kann, das sich in geistlichen Betrachtungen ergeht, als auch über die Erwartung der ewigen Seligkeit. Die Pointe liegt jedoch darin, daß all das, was man gewöhnlich unter »religiös« versteht, Kierkegaards Meinung nach völlig verfehlt ist, wenn dabei nicht als Ergebnis das tatsächliche Leben des Menschen herauskommt. Das Religiöse ist nicht selbst Inhalt des religiösen Lebens, sondern das, kraft dessen man das gewöhnliche Leben mit seinem gewöhnlichen Inhalt lebt.

Wir waren jedoch bei der Frage stehengeblieben, wie Abraham für uns andere zum Vorbild für eine religiöse Existenz werden kann. Diese merkwürdige Geschichte, in die er verwickelt ist, daß er seinen Sohn opfern soll, klingt ja wirklich sehr abenteuerlich. Wir können sie vielleicht als ein aufregendes Märchen aus vergangenen Zeiten lesen, aber identifizieren können wir uns unmöglich mit Abraham. Und das nicht nur, weil wir diesen schrecklichen Auftrag Gottes nicht erhalten haben, sondern auch, weil wir nicht recht begreifen können, was für ein Sinn denn darin liegen soll, daß ein Gott solche Befehle gibt.

Es muß jedoch irgendeinen Begriff geben, der bewirkt, daß wir uns mit Abraham identifizieren können, bzw. der uns die Augen dafür öffnet, daß wir uns in sonderbarer Weise geradezu in Abrahams Situation befinden. - Allerdings. Und diesen Begriff haben wir bereits gefunden: Es war dies der Begriff der Schuld, nun aber religiös verstanden und damit unendlich geworden.

Lassen Sie uns an dieser Stelle einmal den Unterschied zwischen Schuld als ethischem und religiösem Phänomen festhalten: Ethisch verstanden ist sie, wie wir sahen, so merkwürdig unhantierlich. Rein ethisch läßt sich die Frage, ob ein Mensch schuldig ist, nicht entscheiden. Gleichzeitig ist es charakteristisch für Schuld als ethisches Problem, daß man sie nach ihrem Inhalt und ihrer Größe beurteilt. Man kann sich eine geringere Schuld zuziehen. Das tun wir alle in unserem Alltag, sagen dann höflich »Entschuldigung!«, und die Sache ist in Ordnung. Es tut uns leid, und wir machen es wieder gut. In der Regel klappt das ganz ausgezeichnet. Aber wir - bzw. einige von uns - können ja auch irgend eine so schreckliche Schuld auf uns laden, so furchtbar, daß es nun wirklich nicht ausreicht, einfach »Entschuldigung« zu sagen. Was sollen wir in solch einer Situation tun? Können wir uns ihrer entledigen indem wir bereuen, was wir getan haben? Gibt es eine Möglichkeit, weiterzukommen? In dieser Lage kann sich also die Frage stellen, ob eine Wiederholung möglich ist.

Für Situationen dieser Art hat Kierkegaard natürlich eine Vorliebe und wendet sich ihnen überaus häufig zu. Das Problem, das ihnen zugrunde liegt, ist für ihn von großer persönlicher Bedeutung, und als Stoff für seine Analysen verwendet er gern Verlobungs- oder Liebesgeschichten. Auf zwei von ihnen bin ich bereits eingegangen: Im Zusammenhang mit dem Dichtersproß aus »Die Wiederholung« und Quidam (»ein weiser Mann«) aus den »Stadien auf dem Weg des Lebens«. Besondere Beachtung verdient aber vielleicht noch der Seemann aus dem dänischen Volkslied von Agnete und dem Seemann in »Furcht und Zittern«. Seiner Gewohnheit gemäß dichtet Kierkegaard die Volksweise um. Agnete ist ein unschuldiges Mädchen - im Kopenhagen Kierkegaards wurde außerordentlich großer Wert darauf gelegt, daß junge Mädchen »unschuldig« waren! Daß der Mann hingegen Seemann ist, muß als Märchensymbol dafür verstanden werden, daß er ein Verführer ist, und zwar einer von der absolut rücksichtslosen Sorte, etwa wie Johannes der Verführer aus »Entweder-Oder«. Nun geschieht das Schreckliche, daß der Seemann ein Gefühl echter Liebe für Agnete entwickelt, also nicht bloß Begierde nach ihr verspürt. Er will sie überhaupt nicht verführen, sondern sie heiraten. Doch wie soll er das können - bei seiner Vergangenheit, bei seiner Schuld?!

Vermutlich würde den meisten von uns heutzutage diese Frage nicht allzuviel Kopfzerbrechen bereiten. Wenn Agnete ein Mädchen wäre, das andere bewundernswerte Eigenschaften hätte als gerade die, » unschuldig« zu sein, könnte man sich geradezu einen richtig glücklichen Ausgang der Geschichte vorstellen. Doch wir müssen hier die moralischen Normen jener Zeit akzeptieren, sonst verstehen wir nicht, was Kierekegaard sagen will. Das Problem des Seemanns besteht darin, daß seine Schuld in ethischer Hinsicht so ungeheuer groß ist, daß er nicht ohne weiteres Agnete heiraten kann, denn das wäre gleichbedeutend damit, sie zu »entehren«. Stattdessen kann er sich dazu entschließen, tiefe Reue zu zeigen - doch in dem Fall kann er Agnete nicht ehelichen. Denn daran hindert ihn nun die tiefe Reue, die er nicht einfach abschütteln kann. Der Seemann ist also durch eine ethische Schuld in eine Situation gebracht, die der Abrahams ähnelt: Er muß auf seinen größten Wunsch verzichten.

Es sei denn, er wird religiös. In dem Fall würde er sich nicht entweder für die Reue oder für Agnete entscheiden, sondern für die Reue *und* für Agnete. Er würde wie Abraham in einem Zuge unendlich verzichten und trotzdem im selben Moment beruhigt besitzen. Und daran sei noch einmal erinnert: besitzen nicht in der Hoffnung, daß Agnete ihn verstehen und ihm verzeihen werde, sondern in der religiösen Hoffnung, kraft des Absurden.

Hier begegnet uns also eine Art Abraham-Konflikt. Ein Mensch hat eine so ungeheure Schuld auf sich geladen, daß diese ihn daran hindert, das ethische Leben zu führen, das er sich wünscht. Vom ethischen Standpunkt aus gesehen ist für ihn daher nur eine Zukunft in Verzweiflung möglich. Die Frage ist, ob er die Angelegenheit religiös anzugehen wagt, ob er den Mut aufbringt, kraft des Absurden zu glauben, kraft Gottes als der Möglichkeit schlechthin.

Obwohl wir am Beispiel des Seemanns erkannt haben, daß ein Mensch durch eine ethische Schuld in eine Abraham-Situation kommen kann, ist die Frage nach der religiösen Existenz noch nicht zufriedenstellend beantwortet. Der Seemann ist ja auch ein Sonderfall. Schließlich dürften nur die wenigsten Verführer in dem absolut rücksichtslosen Stil sein, den das Wort »Seemann« ausdrücken will.

Deshalb müssen wir den nächsten und entscheidenden Schritt tun und die ethische Schuld in eine religiöse umwandeln, denn sobald die Schuld religiös angegangen wird, erhält sie unendliche Ausmaße. Schuld im religiösen Sinne wird überhaupt nicht nach ihrem Inhalt beurteilt. Man kann nicht von leichten und schweren Arten von Schuld sprechen, denn religiös verstanden ist jede Schuld unendlich. Hervorgerufen wird diese Veränderung durch das Verhältnis der religiösen Leidenschaft zur ewigen Seligkeit. Und dadurch hat der Mensch bereits bei der geringsten Schuld, die er sich zuzieht, sein Ziel und seine Zukunft verloren.

Ich möchte an dieser Stelle noch einmal kurz den Weg nachzeichnen, den wir bisher gegangen sind: Die erste Entdeckung war, daß der Mensch, ohne es zu ahnen, ein Dasein in Verlorenheit führt. Das brachte den Ästhetiker zur Verzweiflung. Doch Ethiker Wilhelm wußte einen Ausweg: Man solle nicht einfach nur verzweifelt sein, sondern sich bewußt für die Verzweiflung entscheiden, sich selbst als verzweifelt wählen. Denn damit wähle man gleichzeitig »die ewige Macht«, die die ethische Wirklichkeit, die nun einmal gültig sei, begründe, so daß man in dieser Wirklichkeit in aller Ruhe leben könne.

Doch Wilhelm hatte etwas übersehen. Das war die Frage, wie es denn eigentlich angehen kann, daß der Mensch immer schon von vornherein ein verlorenes Dasein lebt. Die Frage, ob Gott ihn vielleicht zu solch einem Leben geschaffen hat oder wie sonst der erstaunliche Umstand zu erklären ist, daß er immer schon von vornherein verloren ist. Mann kann auch sagen, daß Wilhelm die religiöse Dimension übersah, die dem Begriff Schuld zueigen ist. Für ihn war Schuld bloß ein ethisches Phänomen, mit dem sich schon zurechtkommen läßt. Dadurch zum Beispiel, daß man sie bereut. Doch inzwischen haben wir die Ursprünglichkeit und Unendlichkeit der Schuld entdeckt. Der Begriff Schuld hat seinen Platz bekommen in der Gruppe der religiösen Begriffe, und das bedeutet ja, daß es Schuld ist, buchstäblich: meine Schuld, daß ich von Anfang an in Verlorenheit lebe. Schuld - das ist nicht nur diese oder jene bestimmte Schuld, die ich mir irgendwann einmal zuziehen kann. Schuld ist zu Sünde geworden, zu Erbsünde, zu meinem totalen und wesentlichen Verlorensein, zu etwas, dem ich ausgeliefert bin, einem schlimmen Verhängnis, für das ich aber trotzdem gleichzeitig die Schuld trage.

Und damit wären wir da, wo Kierkegaard uns gern haben will. Abraham kann in seiner Rolle als Vater des Glaubens zum großen Vorbild für uns alle werden, denn wegen der Totalität, die der religiösen Schuld zueigen ist, sind wir zu einem Dasein in Verlorenheit verurteilt, in dem wir definitiv gerade das verlieren, was das äußerste Ziel unserer Leidenschaft ist: Die ewige Seligkeit. Gibt es nun einen religiösen Ausweg aus dieser Situation? Können wir wie Abraham gleichzeitig unser höchstes Ziel verloren geben und doch im selben Augenblick bei diesem Ziel sein und beruhigt mit ihm leben? Kann uns der Glaube kraft des Absurden dabei helfen, ein religiöses Leben in der Welt zu führen? Und: Falls er dies kann, wie sieht dann die Struktur eines solchen Lebens aus und was sind seine Bedingungen? Das ist die Frage, auf die wir im Folgenden eine Antwort finden wollen.

Natürlich bleibt es immer noch jedem unbenommen, zu behaupten, daß dies alles nur erdachte Probleme und ausgeklügelte Begriffe seien, und zu fordern, daß man doch lieber die ganze Angelegenheit aufgeben möge, um stattdessen einfach drauflosleben, fröhlich in Anspruch genommen von all den tatsächlichen Aufgaben, die das Leben bereit hält. Man muß dabei lediglich beachten, daß man damit den Rückzug ins spießbürgerliche Leben antritt. Kierkegaard gibt sich nicht damit ab, irgend etwas beweisen zu wollen. Er führt keine verstandesmäßigen Argumente dafür ins Feld, daß es »richtiger« sei, auf die eine Art zu leben als auf die andere. Er analysiert lediglich, was es bedeutet, so oder so zu leben, und im Zug dieser Analysen tauchen die angesprochenen Probleme auf, und die Begriffe werden definiert.

Religiös zu leben beinhaltet zweierlei: Man muß gleichzeitig in zwei verschiedenen Beziehungen leben. So sagt es Kierkegaard selbst. Doch der Ausdruck ist etwas irreführend; man muß sich ein wenig anstrengen, um ihn richtig zu verstehen. Man muß gleichzeitig in Beziehung zur Welt und zu Gott leben. Unter »Welt« verstehen wir das vorgegebene Dasein in seiner Einheit von Ästhetischem und Ethischem. In Beziehung zur Welt leben heißt, sein Wesen als Idividuum/Gesellschaft zu verwirklichen.

Einen anderen Charakter hat dagegen die Beziehung zu Gott, das eigentlich Religiöse an der religiösen Existenz. Gott ist nicht irgend »etwas«, zu dem man sich verhalten kann, wie man sich zu seiner Familie oder Arbeit verhält oder zu der Gesellschaft, in der man lebt. Hier liegt ein Kardinalpunkt für Kierkegaard, und auch wenn ich an früherer Stelle bereits darauf eingegangen bin, so will ich hier trotzdem gern ein wenig mehr dazu sagen.

Fragen wir uns doch einmal, was die Konsequenz wäre, wenn die Beziehung zu Gott und die Beziehung zur Welt auf derselben Bedeutungsebene lägen oder von gleicher Struktur wären. Unumgänglich würde das zu einem Konkurrenzverhältnis führen. Der Mensch verhielte sich mit einem Teil seiner selbst zu Gott und mit einem anderen zur Welt. Das würde unumgehbar dazu führen, daß in beiden Beziehungen nur ein Teil von ihm gefordert wäre und nicht er als Ganzheit. Unter diesen Umständen würde man hineingetrieben in ängstliches Grübeln und unsicheres Ausprobieren. Denn wieviel sollte man nun gerechterweise Gott geben und wieviel dem »Kaiser«?

So hat es sich immer wieder zugetragen, wenn Menschen religiös wurden. Wurde ihre Religiosität sehr stark, mußten sie natürlich Gott so viel wie möglich geben. Sie wurden dann Asketen, unterwarfen sich unendlichen religiösen Übungen, gingen im Büßerhemd, geißelten sich jeden Freitag, sperrten sich ins Kloster ein und vertrieben sich die Zeit mit Gebeten und frommen Betrachtungen. Doch ständig lebten sie dabei in der Anfechtung, daß sie Gott unmöglich alles geben konnten, gleichgültig, wie sehr sie sich auch anstrengen mochten. Denn schließlich mußten sie z.B. noch essen, schlafen und sich am Morgen waschen - falls sie nicht auch auf letzteres verzichteten; denn zuweilen galt es als besonders fromm, schlicht dreckig zu sein.

In den meisten Fällen hat man es sicherlich nicht zu solchen Extremen kommen lassen. Doch die Geschichte ist reich an hitzigen Diskussionen darüber, wo denn eigentlich die Grenze zwischen religiösem und weltlichem Bereich verlaufen solle, damit die Balance gehalten werde. Eine endgültige Lösung hat man aber begreiflicherweise nie gefunden, allein schon deshalb nicht, weil das ganze Problem falsch angegangen wurde.

Die Beziehung zu Gott existiert überhaupt nicht im Bereich des Greifbaren, des Weltlichen; sie ist reine Innerlichkeit. So jedenfalls drückt es Kierkegaard aus, und man kann kaum vermeiden, sich über ihn zu ärgern, denn solch eine Formulierung läßt sich ja nur schwerlich nicht mißverstehen. Als ob die Beziehung zu Gott psychologisiert oder geradezu sentimentalisiert wäre zu Schwärmerei und Empfindsamkeit, im Innersten der Seele und nach pietistischem Grundmuster! Sicherlich, das Wort »Innerlichkeit« stammt ursprünlich wirklich aus dem

Pietismus, doch Kierkegaard verwendet es um etwas ganz anderes auszudrücken.

Wenn Kierkegaard davon spricht, daß die Beziehung zu Gott in Innerlichkeit bestehe, dann meint er damit, daß sie nicht in irgendeiner konkreten Weise im Bereich des Weltlichen zum Ausdruck kommen kann. Sie ist an keine Form gebunden. Wäre sie es, so hätten wir es nicht länger mit einem Verhältnis zu Gott zu tun, sondern mit einer sehr seltsamen innerweltlichen Beziehung. Die Beziehung zu Gott ist weder Teil der Beziehung zur Welt, noch steht sie in einem Rivalitätsverhältnis zu dieser. Hingegen erfährt durch die Beziehung zu Gott die Beziehung zur Welt ihre Begründung und Legitimation.

Die wichtigsten Bestandteile der religiösen Dimension sind die unendliche Schuld, die ewige Seligkeit und Gott als reine Möglichkeit. Zwischen diesen Begriffen spielt sich das Drama menschlichen Lebens im wesentlichen ab. Oder vielleicht besser: Die Spannung zwischen diesen Begriffen macht das Wesen des Menschen aus, und der Mensch ist als Mensch gerettet, wenn es ihm gelingt, sie in der richtigen Balance zu halten.

Die ewige Seligkeit ist das höchste Ziel, das die Leidenschaft kennt. Es sei hier an das erinnert, worauf ich bereits an früherer Stelle aufmerksam gemacht habe: daß nämlich die ewige Seligkeit nicht durch ihren Inhalt beschrieben werden kann, sondern nur aufgrund der Art und Weise, wie sie erworben wird, d.h.: Sie kann nur als das beschrieben werden, worauf sich die Leidenschaft unendlich richtet. Eigentlich verblüfft es, daß Kierkegaard an dieser Bestimmung festhalten kann. Im ganz ordinären religiösen Sinn war er persönlich von der Unsterblichkeit der Seele, dem ewigen Leben nach dem Tode und der Seligkeit als Inhalt dieses ewigen Lebens überzeugt. Doch das interessierte ihn nicht wirklich. Das, worauf ihm alles ankam, war - wie schon mehrmals gesagt - das tatsächlich gegebene irdische Leben, und der Gedanke an die ewige Seligkeit wurde erst in dem Moment interessant, wo man dieses Leben unter ihren Bedingungen führte.

Der Komplex »ewige Seligkeit« ist unverzichtbar. Er steht notwendigerweise in Beziehung zur Leidenschaft als dem definitiven Ziel; definitiv in dem Sinne, daß die Leidenschaft und ihr Ziel nicht voneinander getrennt gedacht werden können, sondern sich gegenseitig definieren müssen. Die Leidenschaft ist nichts anderes als die Beziehung zur ewigen Seligkeit, und die ewige Seligkeit nichts anderes als die Leidenschaft selbst. Daher beruht der Gedanke der ewigen Seligkeit nicht darauf, daß man vielleicht eine bestimmte religiöse Überzeugung hat, sondern ausschließlich darauf, daß man ein Mensch ist, der nicht vom Weg abgekommen ist und sich von einem der vielen Dinge abhängig gemacht hat, auf die sich die Leidenschaft in aller Vorläufigkeit und Relativität *auch* richten kann, wie zum Beispiel den Freuden der Liebe. Das leidenschaftliche Streben nach der ewigen Seligkeit ist das leidenschaftliche Streben des Menschen danach, ganz gegenwärtig zu werden, wirklich, verwirklicht, vollendet. Darauf richtet sich alles Suchen des Menschen, und nur in dieser Leidenschaftlichkeit ist er wirklich Mensch.

Durch die unendliche Schuld ist der Mensch definitiv von der ewigen Seligkeit ausgeschlossen und an ein Dasein in Verlorenheit ausgeliefert. Dadurch, daß die Schuld religiös und dadurch unendlich geworden ist, hat sie sich zu Sünde verwandelt, d.h. sie ist zu einer vorgegebenen Bedingung des Lebens geworden. Der Mensch ist seinem Wesen nach verwandelt und bestimmt zu einem Leben in Verlorenheit. Und das ist ganz konkret zu verstehen. Hier haben wir die Erklärung für die Verzweiflung, die drückend auf dem Leben des Menschen lastet, die Verzweiflung, in der wir alle beginnen und für die daher der Spießbürger als Musterbeispiel dasteht. Als Menschen sind wir verloren an ein Dasein, das in Wirklichkeit keinen Sinn hat und kein Ziel, ein Dasein, in dem wir streben können so sehr wir nur wollen, von dem wir uns aber niemals durch unser Streben befreien können - nicht von der Unsicherheit, von den zahlreichen Gefahren, die uns auflauern, dem Leiden, das uns trifft, nicht von der Trauer, die uns erwartet und nicht von dem Tod, der uns eines Tages alle ereilen wird. Das Leben ist leer, ein inhaltsloses Lärmen, ein eitles Tun. Nichts »Ewiges« ist in uns, wir sind vergängliche Wesen, die dahinwelken und vergessen werden. Kierkegaard kann das mit solch einer dichterischen Intensität schildern, daß kein Zweifel daran besteht: Hier liegt sein tatsächliches Problem. Dabei wird deutlich, daß Sünde nicht bloß ein theologisches Dogma ist, sondern ein sich aufdrängendes und unheimliches Urteil über die rätselhafte Verlorenheit alles menschlichen Lebens. Dies ist die Abraham-Situation, nicht als Ausnahmesituation, als ein schlimmes Schicksal, das eine tragische Figur trifft, sondern als allgemeine Lebensbedingung: das Ausgeschlossensein von der »ewigen Seligkeit«. Und hier gibt es tatsächlich keine Hoffnung mehr, keine Möglichkeit, durch irgendeine Leistung die zerstörte Existenz wieder reparieren zu können. Natürlich kann man sich gewöhnlichen religiösen Betrachtungen hingeben: Man kann einsehen, daß es kein Glück gibt auf der Welt, daß wir hier demütig das Haupt neigen und die Leiden tragen müssen, die uns das Leben auferlegt, daß wir das Leben zu einer einzigen langen Bußübung machen müssen, einer Pilgerreise, einer Zeit der Reue und der Reinigung. Dann werden wir vielleicht einmal, wenn das Leben vorbei ist, mit Gottes Barmherzigkeit in einer jenseitigen Seligkeit den Frieden finden, den wir hier auf Erden verwirkt haben. In diesen Vorstellungsbahnen kann man sich bewegen. Viele haben das getan. Doch Kierkegaard gehört nicht zu ihnen. Für ihn ist das Religiöse eine neue Leidenschaft, oder die Leidenschaft in einer neuen Gestalt, die »getaufte« Leidenschaft, der Glaube kraft des Absurden, die unendliche Liebe zu Gott. Der religiöse Mensch durchbricht mit Abraham als seinem großen Vorbild den gesamten Bereich des vorgegebenen Daseins und hält im Glauben fest daran, daß Gott Möglichkeit schlechthin ist. Und durch diese Leidenschaft des Glaubens ist das verlorene Dasein in seiner Ganzheit zurückgegeben, neu wie am Morgen der Schöpfung. Die Sünde ist verschwunden, was im gewöhnlichen religiösen Sprachgebrauch ja als »Vergebung der Sünde« bezeichnet wird.

Doch worin findet dies seinen Ausdruck? - In einem Zustand reiner »Innerlichkeit«, der - um es mit Kierkegaards Worten zu sagen - »inkommensurabel für die Welt« ist, d.h. der keine bestimmte Gestalt annehmen kann. Doch gerade das macht seine Bedeutng total, und in gewisser Weise kommt das überall zum Ausdruck, und zwar in der und durch die Art und Weise, wie der Mensch sich zur Welt verhält. Man beachte, daß darin die Pointe liegt. Der Inhalt des Daseins hat sich natürlich kein bißchen geändert. Doch die Einstellung zu diesem Inhalt ist radikal neu. Und darin: in der Änderung der Einstellung, besteht das Religiöse.

Kierkegaard analysiert das Besondere an der religiösen Lebenseinstellung auf verschiedene Weise, z.B. anhand des Zeit- und Geschichtsbegriffs, worauf ich bereits oben eingegangen bin. Wie wir gesehen haben, spielt das Wort »ewig« eine hervortretende Rolle und dient geradezu als feststehende Bezeichnung für die religiösen Begriffe. Das wirkliche Problem des Menschen besteht darin, das Ewige zuwege zu bringen, ein »ewiges Bewußtsein« zu erlangen oder die Ewigkeit mit der Zeitlichkeit zu vereinen. Falls das Ewige ausbleibt, bleibt das Leben leer und trostlos, ein inhaltsloses Lärmen.

Doch mit dem Ewigen ist nicht eine Unendlichkeit der Zeit gemeint und eigentlich auch nicht die grenzenlose Fortsetzung des Lebens nach dem Tode. Im Verhältnis zur Zeit ist das Ewige wie angehaltene Zeit, das stets Gegenwärtige, also eine Kennzeichnung des gegenwärtigen Augenblicks. Diese Ansicht vertrat Wilhelm, aber er hielt es für möglich, im gegebenen Moment allein dadurch völlig und »ewig« gegenwärtig zu sein, daß man diesen Zustand wählt oder will. Diese Möglichkeit wird jedoch zunichtegemacht, wenn die Schuld als unendlich verstanden wird. Für den religiösen Menschen erhält der gegebene Augenblick Ewigkeits-Charakter, wenn man ihn in unendlicher Glaubens-Leidenschaft als das Sonderbare und Unerwartete von Gott entgegennimmt, als die göttliche Möglichkeit. Darin kommt Schöpfungsdenken zum Ausdruck. Schöpfung im Sinne von Hervorbringung aus dem Nichts, etwas, was niemand erwarten, noch nicht einmal erhoffen kann und das eintrifft, obwohl keine Möglichkeit dafür besteht, daß es eintrifft. Schöpfung ist daher andauernde Schöpfung, die in jedem Moment geschieht. Jeder neue Augenblick ist nichts Selbstverständliches, sondern das Überraschende. Religiöses Leben bewegt sich in nie endender Verwunderung über das Leben, das immer wieder neu gegeben wird.

Das Entscheidende an all dem besteht darin, daß der Mensch nun ganz und gar im flüchtigen Jetzt gegenwärtig sein kann, in jedem Augenblick des Lebens. In diesem Gegenwärtigsein, in dieser Gleichzeitigkeit mit sich selbst, wird der Fluch überwunden, der sonst auf dem Leben lastet: Rastlosigkeit, Zerstreuung, Sorge, Verzweiflung wegen des Vergangenen, Angst vor dem Kommenden, die drückende Last, selbst sein Dasein tragen zu müssen. Indem das Ewige sich mit der Zeit im gegenwärtigen Augenblick verbindet, entstehen mitten im Leben ewige Seligkeit, Erfülltheit und Vollendung.

An diesem Punkt möchte ich Kierkegaard wieder das Wort erteilen. Lassen Sie uns einmal hören, was er in einer seiner erbaulichen Reden über die Lilie auf dem Felde und den Vogel unter dem Himmel zu sagen hat: Von ihnen kann man Schweigen lernen, Gehorsam und Freude. Wie bereits an früherer Stelle erwähnt: »Freude« ist das Schlüsselwort für Kierkegaard, wenn es um das Religiöse geht, um die ewige Seligkeit im Hier und Jetzt, und deshalb fragt er seine Zuhörer: »Was ist Freude oder der Zustand, froh zu sein?« um selbst die Antwort zu geben: »Das ist, sich in Wahrheit selbst gegenwärtig zu sein, das ist dieses ›heute‹, dieses heute zu *sein*, in Wahrheit *heute* zu *sein*. Und in dem Maße, in dem es wahrer ist, daß Du heute bist, im selben Maße, wie Du, indem Du heute bist, Dir selbst immer mehr ganz gegenwärtig bist, genauso gibt es für Dich nicht den Tag des Unglücks am morgigen Tage. ›Freude‹ ist die gegenwärtige Zeit, mit ganzem Nachdruck: *Die gegenwärtige Zeit*. Deshalb ist Gott selig, er, der ewig ›heute‹ sagt, er, der in seinem Heute-Sein ewig und unendlich sich selbst gegenwärtig ist.«

Ich habe hier mit Absicht ein Zitat aus einer Erbaulichen Rede angeführt, weil ich es für wichtig halte, die gesamte erbauliche Verfasserschaft einmal hervorzuheben; ganz unverdient hat sie oft im Schatten der pseudonymen Werke gestanden. Hier in den Erbaulichen Reden drückt Kierkegaard sich am direktesten und schlichtesten aus, für den Geschmack unserer Zeit vielleicht etwas umständlich, aber auf jeden Fall ohne den gelehrten und philosophischen Apparat, der an anderen Stellen seines Werks das Verstehen so sehr erschweren kann. Und hier in der erbaulichen Verfasserschaft wird er nicht müde, sein aufrichtigstes Verständnis des religiösen Lebens zu formulieren.

Deshalb läßt sich auch das Thema, das eng mit der Hervorhebung des Augenblicks durch den Zeitbegriff verbunden ist, vorrangig hier in den Erbaulichen Reden finden. Das, wodurch das Leben verzweifelt wird, sind ja Sorgen und Leiden. Und gerade diese Sorgen und Leiden werden im religiösen Leben überwunden, im Glauben, in der Gegenwart der Seligkeit, in der Freude. Nicht etwa dadurch, daß das Religiöse alle Sorgen und Leiden zum Verschwinden brächte, ganz und gar nicht! Sondern dadurch, daß man Gelegenheit erhält, eine ganz andere Einstellung zu ihnen zu gewinnen.

Ich glaube, Kierkegaards Hauptgedanke läßt sich folgendermaßen formulieren: Bevor das Religiöse ins Blickfeld tritt, ist alles im Leben eindeutig; in dem Sinne, daß kein Zweifel daran besteht, wie man es zu empfinden hat. Zahnschmerzen sind Zahnschmerzen, Nahrungssorgen sind Nahrungssorgen und Armut ist Armut. Bevor das Religiöse ins Spiel kommt, kann man unmöglich behaupten, daß das Leiden etwas Frohes sei. Man kann versuchen, sich zu trösten: Damit, daß alles viel schlimmer hätte kommen können, daß es morgen vielleicht schon wieder besser geht, daß es ja immer noch etwas gibt, worüber man sich freuen kann und ähnliches mehr, womit wir ja tatsächlich oft uns selbst und anderen Mut zuzusprechen versuchen. Doch wir sind an unsere Lebensumstände verloren, so, wie sie sich uns offenkundig darstellen. Und so müssen wir sehen, wie wir damit zurechtkommen.

Sobald die religiöse Dimension ins Spiel kommt, erhalten die Dinge, die Lebensumstände, eine Doppelbestimmung: Sie bleiben zwar immer noch das, was sie nun einmal sind, und Leiden bleibt Leiden. Doch gleichzeitig haben sie eine ganz andere Bedeutung bekommen: Sie sind nicht mehr das, woran wir verloren sind, sondern das, was uns von Gott gegeben wird. Wir haben es hier immer noch mit dem besonderen Schöpfungsverständnis zu tun: daß mir das Leben, so, wie es sich für mich in diesem Moment darstellt, von Gott geschenkt ist. Und deshalb ist es auch richtig, zu sagen, daß es absolut und uneingeschränkt gut ist.

Die Erbaulichen Reden beschäftigen sich daher oft mit dem Frohen, und wohlgemerkt: mit dem Frohen an den Dingen und Situationen, die man unmittelbar für das genaue Gegenteil von froh halten mag. Eine ganze Reihe von Erbaulichen Reden findet sich unter dem Sammeltitel »Stimmungen im Streit mit Leiden«, andere unter der sehr eindeutigen Überschrift »Evangelium der Leiden«. Der Titel macht stutzig: »Evangelium« heißt ja »frohe Botschaft«, doch wie soll Leiden eine »frohe Botschaft« sein?! - Lassen Sie mich vielleicht bevor ich auf diese Frage eingehe, erst einmal auf etwas anderes hinweisen. Kierkegaard hat gewisse Lieblingstexte, über die er nicht nur eine, sondern gleich mehrere Erbauliche Reden verfaßt hat. Einer dieser Texte ist die Stelle aus dem Jakobusbrief, wo es heißt: »Alles Gute und alle vollkommene Gabe kommt von oben herab«.

Kierkegaards Auslegung dieses Verses läuft nicht darauf hinaus, daß es ja deutlich sichtbar sowohl gute als auch schlechte Dinge im Leben gebe und man deshalb vom religiösen Standpunkt aus sagen müsse, daß die bösen von der »Welt« seien, während die guten uns von oben zuteil würden, also von Gott. Kierkegaard hat etwas ganz anderes im Sinn. Die Dinge als solche, so wie sie tatsächlich sind, lassen sich zum Teil in die Kategorie »gut« und zum Teil in die Kategorie »schlecht« einordnen. Fehlt uns aber der religiöse Blickwinkel, werden sie im Grunde alle ohne Ausnahme zu etwas Schlechtem, weil wir dann verloren sind an sie und abhängig von ihnen, von ihrer Zufälligkeit, Flüchtigkeit und Unsicherheit. Haben wir jedoch einen religiösen Ausgangspunkt, dann werden sie aufgrund des Glaubensverhältnisses, das wir zu Gott haben, alle in gleichem Maße gut - gleichgültig, ob sie nun unter nichtreligiösem Gesichtspunkt zur Kategorie »gut« oder »schlecht« gehören. Denn alle kommen sie herab »vom Vater der Lichter«. Und darin liegt die Bedeutung des Wortes »gut«: gegeben von Gott.

Rede für Rede, sein Leben lang, predigt Kierkegaard seinen Lesern diese Botschaft. Das Religiöse besteht darin, das Leben geschenkt zu bekommen und es deshalb gehorsam und froh anzunehmen, unbesorgt und beruhigt. Wir haben hier - auf der religiösen Ebene - das, was Wilhelm vom ethischen Standpunkt aus verkündete. Für ihn lag die Pointe darin, »sich selbst« zu wählen und somit sein Leben zu wollen. Vom religiösen Standpunkt aus gesehen gilt es nun, »sich selbst« als göttliche Gabe zu empfangen und damit in Freude zu leben. In beiden Fällen kommt es darauf an, nicht an die äußeren Dinge verloren zu sein. Wilhelm und der religiös Lebende ähneln sich daher in der Hinsicht, daß sie beide mit sich selbst und mit ihrem Leben versöhnt sind. Deshalb lassen sie sich auch beide rein äußerlich nicht von einem lebensfrohen und extravertierten Spießbürger unterscheiden. Weder das ethische, noch das religiöse Geprägtsein läßt sich anhand von irgend etwas Sichtbarem und Besonderem erkennen.

In der Dimension des Religiösen kann man also froh leben - gleichgültig, ob die äußeren Umstände unmittelbar oder »ästhetisch« gut oder schlecht sind. Kierkegaard neigt dazu, solche Fälle zu schildern, in denen die äußeren Gegebenheiten aufgrund von Leiden, Sorgen, Trauer, Verfolgung und Tod besonders ungünstig sind. In all dem liegt für ihn etwas Erbauliches und Frohes. Daß er diese Meinung vetritt, hat seinen Grund nicht etwa darin, daß er eine besonders düstere Lebenseinstellung hat oder glaubt, Leiden seien etwas Verdienstvolles. Im Gegenteil! Das, was er damit sagen will, ist lediglich, daß sogar unter den eben erwähnten Umständen Freude und Seligkeit gegenwärtig sind, wenn man sie nur in der Leidenschaft des Glaubens als Gottes Gabe annimmt.

Dasselbe gilt, wenn sich alles gut ausnimmt. Auch in diesem Fall sind Freude und Seligkeit gegenwärtig. Es mag nur etwas überflüssig und umständlich wirken, wenn man sich daranmacht, zu erklären, daß dort Freude ist, wo alles zum Besten steht. Deshalb geht Kierkegaard darauf auch nur selten in seinen Reden ein; doch manchmal tut er es also. Die Pointe liegt dann darin, daß er in den Fällen, wo sich alles gut ausnimmt, zwischen zwei verschiedenen Arten von Freude unterscheidet, die nicht miteinander verwechselt werden dürfen. Es ist ganz normal, daß man sich freut, wenn alles nach

Wunsch verläuft. Diese Art Freude will Kierkegaard dem Menschen auf keinen Fall nehmen, da er sie für etwas ganz Natürliches hält. Aber sie hat den Charakter des »Ästhetischen« und unterscheidet sich daher von der Freude im religiösen Sinne. Religiös verstanden bedeutet Freude, das, was vom »ästhetischen« Standpunkt aus gesehen als etwas Freudiges betrachtet wird, als ein Geschenk aus Gottes Hand entgegenzunehmen. Erst wenn man dies tut, kann man wirklich - ungestört und ohne Angst - über das Freudige glücklich sein. Die authentische Freude ist immer religiös, und erst aufgrund dieser religiösen Freude wird die »ästhetische« Freude zu wahrer Freude.

Der religiöse Mensch wird ausschließlich durch seine Beziehung zu Gott in die Lage versetzt, zu handeln. Die religiöse Spannung zwischen der unendlichen Schuld, der ewigen Seligkeit und Gott als Möglichkeit schlechthin muß in der Leidenschaft des Glaubens aufrechterhalten werden. Nur darin gründet sich das beruhigte Verhältnis zu Gott, das bewirkt, daß man in sicherer Gelassenheit von Augenblick zu Augenblick leben kann. In der »Nachschrift« beschreibt Climacus, wie der religiöse Mensch nur durch seinen leidenschaftlichen Glauben an Gott als Möglichkeit in die Lage versetzt wird, sich zu etwas so Unverfänglichem wie einem Waldspaziergang zu entschließen. Kierkegaard neigt ja stets dazu, alles etwas überspitzt darzustellen, und wenn das Religiöse nicht auch für so etwas wie einen Waldspaziergang Geltung besitzt, dann gilt es im Grunde für gar nichts.

Climacus ist auch derjenige, der die berühmte Formulierung prägt, daß es - im religiösen Sinne - darauf ankomme, »der Unmittelbarkeit abzusterben«. Dieser Satz hat eine Menge Schaden angerichtet. Man hat ihn oft aus dem Zusammenhang herausgegriffen und gesagt, hier habe man ja den Beweis dafür, daß Kierkegaard ein erklärter Feind natürlicher Lebenslust und -freude sei, daß er verlange, man solle sich dem natürlichen Leben und dem spontanen Lebensmut versagen. In gewisser Weise hat man auch recht damit. Man sollte jedoch bedenken, daß Kierkegaard ja schon auf mehreren hundert Seiten eindringlich analysiert und geschildert hat, was bei der »natürlichen Lebensentfaltung« herauskommt, nämlich Spießbürgerlichkeit. Und wenn man sich einmal die frohen Verkünder dieser natürlichen Lebensentfaltung anschaut, wird man dazu neigen, Kierkegaard Recht zu geben. Denn alle weisen sie dieselben trivialen Charakterzüge auf, die für das Spießbürgertum so typisch sind.

Ich möchte noch einmal betonen, daß man Kierkegaards Meinung nach zwar der Unmittelbarkeit absterben soll, nicht aber (zumindest nicht Climacus zufolge) dem Irdischen oder dem vorgegebenen Dasein als solchem. Im Gegenteil: All das wird man - Kierkegaard drückt es praktisch so aus - in einer neuen Unmittelbarkeit zurückerhalten. Alle Begriffe, die von »Mittelbarkeit«, »Reflektiertheit« und ähnlichem sprechen, sind Vermittlungsbegriffe, die die »Bewegung«, den Übergang, beschreiben und niemals den fertigen Zustand, in dem es zu leben gilt. Sie sind Übergangsstufen zu dem, was man als das wahre Ziel vor Augen hat, dem authentischen religiösen Zustand, dem Zustand, den Kierkegaard in der Erbaulichen Rede über die Lilien und die Vögel so beschreibt: Sich selbst ganz nahe sein indem man *heute* ist. Ein Ziel übrigens, das er mit unterschiedlichen Begriffen beschreiben kann. Schließlich war es ja auch charakteristisch für Kierkegaard als Sprach-Genie mit überragender Phantasie, daß er sich nie an irgendeine erstarrte Formulierung band um sie dann als eine Art Beschwörungsformel immerfort zu wiederholen.

Und noch einem möglichen Mißverständnis möchte ich an dieser Stelle vorbeugen. Bei Kierkegaards Bestimmung des Religiösen, so ließe sich behaupten, habe man ein Beispiel par excellence für die Rechtfertigung der sozialen Passivität des religiösen Menschen vor sich. Der Vorwurf des Opiums für das Volk steckt dahinter, ein Angriff auf den religiösen Menschen, der die Verhältnisse so nimmt, wie sie sind und nicht daran denkt, dagegen zu protestieren, den Anstoß zu Reformen oder möglicherweise zu revolutionären Änderungsversuchen zu geben. Diesen Vorwurf gerade an Kierkegaard heranzutragen wirkt jedoch schon ziemlich befremdend: Er, der so durch und durch polemisch war, sich in tiefem Widerspruch zu seiner Zeit befand und dessen Leben mit einem formidablen Angriff auf die Kirche, auf die Gesellschaft und auf »das Bestehende« endete, dürfte eigentlich schon aufgrund dieser Umstände gegen Kritik jener Art gefeit sein.

Daß die religiöse Position zu großer Beruhigung führt, bedeutet nicht, daß sie Passivität und demütiges Annehmen aller Verhältnisse mit sich bringt. Im Gegenteil: Wenn man sich in der religiösen Position befindet, kann man die jeweilige Situation kritisch in Augenschein nehmen. Man hat die Sicherheit im Leben erreicht, die sich - da sie religiösen Charakter besitzt - von nichts stören oder bedrohen läßt. Und erst mit dieser Sicherheit im Rücken kann man zu Taten schreiten - ohne in verzweifeltem Aktionismus zu enden. Denn nun hängt ja nicht mehr alles davon ab, daß das Tun auch zu dem gewünschten Ziel führt, es kommt nicht mehr auf mich an, sondern nur noch auf Gott. Deshalb kann ich beruhigt handeln, ohne Angst vor dem möglichen Ergebnis haben zu müssen. Mein Tun geschieht allein im Gehorsam gegen den Gott, von dem der Ausgang abhängig ist. Für Kierkegaard wird es deshalb in zunehmendem Maße zu einer Pointe des Christentums, daß es gerade zu einem Handeln treibt, das revolutionären Charakter hat und das darauf abzielt, das gesamte Dasein zu verwandeln. Das Christliche ist gleichzeitig die große Beruhigung und der große Protest, der sich polemisch gegen alle menschliche Erbärmlichkeit richtet.

Als religiöse Existenzmöglichkeit befindet sich die beschriebene Position auf einem höheren Niveau als Wilhelms ethische. Der Mechanismus ist jedoch derselbe. Wilhelm kam es darauf an, sich selbst als genau den zu wählen, der man ist, sich selbst zu wollen, also auch mit seinen Fehlern und Lastern. Erst wenn man sich in dieser Weise selbst wollte, hatte man die Verantwortung für das übernommen, was man war. Doch sich selbst zu wollen bedeutete natürlich nicht, »fünfe gerade sein« zu lassen. Im Gegenteil: Es hieß, die Verantwortung zu übernehmen für das, wozu man sich selbst machte; die Verantwortung z.B. auch dafür, sich von seinem Laster zu befreien. Nur, daß man es jetzt ohne Verzweiflung tun konnte, denn nun hing ja nicht mehr alles davon ab, daß der Versuch glückte, sondern davon, daß man es probierte. Sowohl in ethischer als auch in religiöser Hinsicht zeigt Kierkegaard die Position auf, die Handeln erst wirklich ermöglicht.

Dieser Zug von Aktivität in der ethischen und in der religiösen Lebensanschauung läßt sich wohl angemessen als ein »Streben« bezeichnen. Man strebt danach, sich zu verbessern, seine Lebensaufgabe zu erfüllen, seine Verantwortung wahrzunehmen und dergleichen mehr. Doch nun hat sich in diesem Streben eine ruhige Gelassenheit eingestellt. Denn es hängt nicht mehr in so verzweifeltem Maße alles vom Resultat ab. Vom christlichen Standpunkt aus gesehen wird uns die gnädige Erlaubnis gegeben, so zu streben, weil wir nicht vollkommen sind. Deshalb liegt in diesem Streben auch nichts besonders Lobenswertes. Wie auch immer das Ergebnis meines Strebens aussehen mag: Es wäre dumm, wollte ich mich dieses Strebens rühmen und vielleicht mit mcinem moralisch ausgezeichneten Verhalten prahlen. Kierkegaard ist alles in allem kein Freund von Moralismus.

Wenn er von »Streben« spricht, meint er folglich in den meisten Fällen auch etwas ganz anderes: nicht das moralistische Bemühen, sich selbst oder die Welt zu verbessern, sondern das religiöse Streben, das er deutlichkeitshalber als »das unendliche« Streben bezeichnet. Die Notwendigkeit des unendlichen Strebens liegt darin begründet, daß der Mensch ja existiert, d.h. an die Zeit gebunden ist. Kierkegaards Zeitbegriff zufolge bedeutet das nämlich, daß der Mensch ganz entscheidend in Richtung auf die Zukunft lebt, in Richtung auf das Kommende, die Möglichkeiten - bzw. die Möglichkeit. Die Forderung der durch die Zeit bestimmten Existenz an den Menschen besteht darin, daß er seine Zukunft selbst in die Hand nehmen und sich in ihr verwirklichen, ihr Gestalt geben soll, oder wie auch immer wir es ausdrücken wollen.

Doch das scheint ja all dem zu widersprechen, was wir eben festgestellt haben: Daß das Ideal darin besteht, getrost im Augenblick zu ruhen, im Jetzt, im Gegenwärtigen, im »Heute«. Sowohl in seiner ethischen als auch in seiner religiösen Bedeutung stellt das Gewählte oder Geschenkte, der qualifizierte Augenblick, die Einheit von Ewigkeit und Zeit dar. Wie läßt sich das nun mit der Aussage in Einklang bringen, daß der

Mensch wesentlich auf die Zukunft ausgerichtet ist, auf das Kommende? Die Verbindung liegt in dem, was wir als »unendliches Streben« bezeichnet haben. Das Typische des Augenblicks besteht ja darin, daß er flüchtig ist, daß man ihn im nächsten Moment schon wieder hinter sich gelassen hat. Alles, was in entscheidendem Maße mit dem Menschen in seiner Eigenschaft als einem Wesen zu tun hat, das in der Zeit existiert, hat folglich die Eigentümlichkeit, daß man es nicht vollenden, es nicht zu einem Ergebnis führen kann.

Vieles im Leben läßt sich mit einem Ergebnis abschließen. Das Streben, das ich oben erwähnte, das moralische Streben nach einem Resultat, endet begreiflicherweise, sobald das Ziel erreicht ist. Überhaupt kann man ja im Leben einiges erlangen, was man daraufhin besitzt. Man kann es zu irgendeiner Fertigkeit bringen, die man dann eben hat. Oder man kann ein Haus kaufen, das man daraufhin besitzt. Man muß es nicht noch einmal kaufen.

Mit dem Leben selbst kann man jedoch nicht fertig werden, bevor es selbst fertiggeworden ist, und jede Aufgabe, die das Leben als solches betrifft, kann man deshalb nicht ein für allemal lösen und ad acta legen. Kierkegaard ist voller Spott für die Menschen, die glauben, die Aufgabe gelöst zu haben, die das Leben ihnen stellt und die daher meinen, sich die Zeit nun mit anderen Dingen vertreiben zu müssen. Ganz besonders gilt sein Spott den spekulativen Tendenzen, die zu seiner Zeit herrschten und denen zufolge man nicht beim Glauben stehenbleiben könne, sondern »weitergehen« müsse zum spekulativen Begreifen des Glaubens, zum spekulativen System.

Im unendlichen Streben strebt man im Grunde keinen bestimmten Punkt an, man ist nicht auf dem Wege zu einem, möglicherweise fernen, Ziel. Man kann nicht weiterkommen, sondern immer nur dasselbe erreichen. Im Grunde handelt es sich bei der Idee vom unendlichen Streben um die Wiederaufnahme der alten Vorstellung von der Wiederholung. Womit der Kreis geschlossen wäre: Religiös zu leben, das heißt: in der unendlichen Wiederholung der leidenschaftlichen Glaubensbeziehung zu dem Gott zu leben, der Möglichkeit schlechthin ist.

X Das christliche Paradox

Gott ließ von sich hören, zu einem bestimmten Zeitpunkt, in Israel, in jenem Jesus von Nazareth. Wenn man, Kierkegaards eigener Methode folgend, die Sache auf den Punkt bringt, dann kann man sagen, daß in dieser Aussage der Inhalt des gesamten Christentums steckt. Wodurch es zu etwas ganz Besonderem wird in der Welt der Religionen. Wir wollen uns das einmal im folgenden vor Augen führen.

Kierkegaards Interesse gilt ganz bestimmt nicht der Religionsgeschichte, eher im Gegenteil: So scheut er sich nicht, eine gewisse Verachtug denen gegenüber zum Ausdruck zu bringen, die hier ihre Aufgabe sehen, Grundtvig zum Beispiel und besonders Hegel. Wobei die Verachtung jedoch nicht der wissenschaftlichen Forschung als solcher gilt, also der Religionswissenschaft in ihrer unterschiedlichen Erscheinungsweise, sondern der Begriffsverwirrung, die entsteht, wenn man glaubt, mit Hilfe der Religionsgeschichte den Wahrheitsgehalt einer Religion beweisen zu können. Oder deutlicher gesagt: Kierkegaard wehrt sich gegen die Auffassung, die Wahrheit des Christentums lasse sich unter Verweis auf die weltgeschichtliche Entwicklung beweisen oder auch nur als wahrscheinlich darstellen.

Wenn Kierkegaard trotzdem selbst auf eine Art religionsgeschichtliche Argumentation zurückgreift, dann tut er dies nicht, um irgend etwas zu beweisen, sondern um die dem Christentum eigene Struktur zu analysieren. Dabei zieht er jedoch nicht allen möglichen religionsgeschichtlichen Stoff hinzu, sondern stellt das Christentum der »Gräzität« auf der einen und dem Judentum auf der anderen Seite gegenüber. »Gräzität« gehört zu Kierkegaards Lieblingsausdrücken und darf nicht nur im engeren Sinne als die griechische Religion verstanden werden, sondern als die griechische Lebensauffassung, wie sie am deutlichsten bei Platon, Aristoteles und den Stoikern ihren Ausdruck findet. Oft spricht Kierkegaard auch einfach vom »Heidentum«, doch im Grunde meint er damit dasselbe: das insbesondere von den Philosophen formulierte griechische Lebensverständnis.

Unter den vielen Gesichtspunkten, mit deren Hilfe er das Verhältnis dieser drei Geistesmächte (oder wie auch immer man sie nennen soll) zueinander bestimmt, verdient die Verwendung des Begriffs »Zeit« wohl am meisten Beachtung. Die Griechen, so sagt Kierkegaard, verhalten sich im wesentlichen zur Vergangenheit. Dabei hat er besonders Platons Lehre von der Erinnerung, der anamnesis, im Blick. Doch im Grunde denkt er an weitaus mehr als nur an die platonische Philosophie. Kierkegaard geht davon aus, daß die Griechen meinen, die Wahrheit als einen unumstößlichen Ausgangspunkt hinter sich zu haben. (Wenn Kierkegaard in diesem Zusammenhang von »Vergangenheit« spricht, dann meint er übrigens nicht irgendeinen Zeitpunkt im geschichtlichen Ablauf, sondern die ewige Voraussetzung aller Zeit). Man braucht sich nicht zur Wahrheit hinzubewegen oder bei ihr anzukommen; man hat sie im Rücken als einen sicheren Besitz, zu dem man stets seine Zuflucht nehmen kann. Folglich spielt die Zeit, die Geschichte, keine wesentliche Rolle für die griechischen Denker; denn die Wahrheit ist zeit-unabhängig, ewig, a-historisch. Was mit sich führt, daß sich die Griechen auch nichts von der Geschichte erwarten, nicht in der Hoffnung gegen die Zukunft gerichtet sind, daß diese etwas Entscheidendes, eine Befreiung, Offenbarung oder Erlösung herbeiführen werde.

Mit dem Judentum verhält es sich genau umgekehrt. Hier bedeutet die Zeit alles, und Zeit wird hier im wesentlichen als die kommende Zeit, die Zukunft verstanden. Als Jude lebt man ausschließlich in der Erwartung, da man die Wahrheit nicht zeitlich hinter sich, sondern vor sich hat. Sie ist etwas, was kommen wird, und auf dieses Ereignis richten sich alle Sehnsüchte und Träume. Wenn Kierkegaard das jüdische Verständnis von Zeit darstellt, hat er natürlich die messianischen Erwartungen im Blick, all das, was sich unter den Stichworten Eschatologie und Apokalyptik zusammenfassen läßt - also die Lehre von den letzten Dingen, dem jüngsten Tag, dem Weltgericht usw.

Mit dem Christentum werden die Verhältnisse komplizierter, denn hier werden die griechischen und jüdischen Gesichtspunkte in überraschender Weise miteinander kombiniert. Genauso wie im Judentum richtet man sich im Christentum im wesentlichen auf die Zukunft hin aus. Man erwartet das Kommende, die Erlösung, die Offenbarung der Wahrheit - nämlich in Jesu Wiederkunft - oder in der Haltung des unendlichen Strebens. Doch das ist nur aufgrund einer Voraussetzung möglich, die ihren Platz in der Vergangenheit hat und zu der man sich deshalb ebenfalls verhalten muß: das Leben Jesu auf Erden zu Beginn unserer Zeitrechnung. So verstanden hat man die Wahrheit hinter sich, doch nicht als eine ewige Voraussetzung im griechischen Sinne, sondern als ein geschichtliches Ereignis in der Zeit. Auf der anderen Seite ist diese historische Voraussetzung jedoch nicht einfach ein geschichtliches Ereignis in der Vergangenheit neben anderen geschichtlichen Ereignissen. Wir haben es hier mit einer Begebenheit zu tun, die sich nicht von der Geschichte verschlingen läßt und die deshalb im Grunde auch nie zu etwas Vergangenem werden kann - oder: die in dem Moment, da man sie als etwas Vergangenes betrachtet, einfach uninteressant wird. Kierkegaard drückt diesen auffallenden Umstand mit Hilfe des Begriffs »Gleichzeitigkeit« aus, d.h. man soll an das längst vergangene Ereignis als *Zeitgenosse* herantreten, oder anders gesagt: Dieses Ereignis hat die Besonderheit, daß es gleichzeitig vor langer Zeit geschehen ist und trotzdem immer noch und stets im Heute existiert; und gerade aufgrund dieser Bedeutung als etwas Heutigem hat es Wahrheits-Charakter. Im Christentum ist also eine Verknüpfung der zeitlichen Kategorien geschehen: der Zukunft, der Vergangenheit und der Gegenwart - und zwar in genau dieser Reihenfolge.

Nun kann ja sicherlich jeder, der nur genügend Scharfsinn besitzt, ohne Schwierigkeiten solch ein Modell entwerfen. Deshalb bedarf es einer Erklärung dafür, inwieweit man in oben vorgeführter Weise mit den Begriffen Zukunft, Vergangenheit und Gegenwart operieren kann oder einer Verdeutlichung der These, daß ein Ereignis sowohl in besonderem Maße Vergangenheits-Charakter haben, pointiert gegenwartbezogen sein und trotzdem als etwas Zukünftiges erwartet werden kann. Kierkegaards Argument ist, daß sich dieses besondere geschichtliche Ereignis darin von anderen Ereignissen unterscheide, daß es überhaupt nicht eintreffen könne. Ein geschichtliches Ereignis also, das gar kein geschichtliches Ereignis sein kann. Sollte man den Eindruck haben, in dieser Aussage liege ja wohl ein gewisser Widerspruch, so hat man ganz recht. Aber dieser Widerspruch hat auch seinen guten Grund. Er ist das, was das christliche Paradox ausmacht, und ohne dieses Paradox gibt es kein Christentum.

Wir stehen an dieser Stelle einer Verschärfung des religiösen Paradox' überhaupt gegenüber; des Paradox', das Kierkegaards Meinung nach eine grundlegende Bedingung menschlicher Existenz darstellt. Persönlich ist er der festen Überzeugung, daß die einzige Möglichkeit, wirklich zu leben, darin besteht, religiös zu leben. (Es sei denn, man hat nichts dagegen, ein Spießbürger-Leben zu führen.) Das religiöse Paradox läuft, wie wir uns erinnern werden, darauf hinaus, daß man nur auf der Grundlage des Glaubens kraft des Absurden wirklich leben kann. Der Schlüsselbegriff heißt dabei »Gott als Möglichkeit schlechthin«, als die Möglichkeit, die da ist, wenn es keine Möglichkeit gibt, als die Hoffnung, die sich zeigt, wenn keine Hoffnung mehr zu erkennen ist. Der Gedanke, der hinter all dem steckt, ist der, daß das Leben eigentlich ein Wunder ist, daß es jedesmal als das eintrifft, wovon niemand erwarten konnte, daß es geschehen würde. Das Leben ist das Unmögliche, das dennoch wirklich wird.

Der Übergang vom Religiösen im Allgemeinen zum spezifisch Christlichen bedeutet eine weitere Verschärfung dieser Paradoxalität. Religiös zu leben ist das Äußerste dessen, was der Mensch leisten kann, aber deshalb eben das, was er leisten kann. Es ist die letzte Möglichkeit des Menschen, in dieser Paradoxalität zu leben. Im Christentum hingegen geht man davon aus, daß der Mensch noch nicht einmal das vermag, daß sein Bemühen, in dieser Paradoxalität zu leben, zum Scheitern verurteilt ist, daß es bei einem desperaten und undurchführbaren Versuch bleibt. Das Christentum selbst erhält Existenz in der Verkündigung der Botschaft, daß Gott das getan hat, wozu der Mensch nicht fähig ist. Daß er zu dem wurde, was der Mensch nicht werden kann: zum Menschen.

Dieses Ereignis hat alles verändert. Will man es in theologische Worte fassen, dann muß man vom Dogma der Inkarnation sprechen, von der Lehre, daß Gott Mensch geworden ist. Darin liegt der Inhalt des Christentums, und deshalb ist es ganz charakteristisch für Kierkegaard, daß er sich in den zentralen Schriften, die sich mit dem Übergang vom Religiösen zum Christlichen beschäftigen, nämlich in Climacus' beiden Werken »Philosophische Brocken« und »Unwissenschaftliche Nachschrift«, analysierend auf die Aussage konzentriert, daß *der Gott* (!) Mensch geworden ist. Von diesem Satz ausgehend versucht Kierkegaard den Inhalt des Christentums darzulegen.

Die entscheidende Konsequenz, die sich daraus ergibt, dürfte nicht zu übersehen sein: Alle anderen Religionen und alle anderen Formen philosophisch begründeter Lebenseinstellungen stellen den Versuch des Menschen dar, das gegebene Dasein zu deuten. Man geht davon aus, daß das Dasein vorliegt und die Bedingungen menschlicher Existenz vorgegeben sind, sozusagen von Anbeginn der Schöpfung an. Sie brauchten also nicht erst geschaffen oder verändert zu werden, sondern es komme darauf an, sie zu deuten, damit der Mensch sein eigenes Dasein in den Griff bekommen und gemäß seiner Bestimmung als Mensch Existenz erhalten kann.

Das Christentum hebt sich dadurch von den Religionen oder philosophischen Erklärungsversuchen ab, daß es sich auf eine Deutung dieser Art nicht einläßt, nicht den Versuch des Menschen darstellt, sich selbst und seinen Lebensbedingungen auf die Spur zu kommen. Das Christentum ist ein Ereignis, ein Eingreifen von seiten Gottes, nach dem alles neu geworden ist und das die Voraussetzungen menschlichen Lebens verändert hat. Die Aufgabe, als Mensch zu existieren, steht nun unter anderen Bedingungen. Kierkegaard drückt das darin aus, daß er vom Christentum nicht als von einer Lehre, sondern als von einer »Existenzmitteilung« spricht. Doch dieser entscheidende Begriff »Existenzmitteilung« ist, wie bei Kierkegaard nicht anders zu erwarten, recht dunkel und doppeldeutig. Eine Mitteilung kann ja etwas rein Intellektuelles sein, eine Auskunft oder eine Erklärung. Aber eine »Existenz-Mitteilung« ist eben keine bloße Mitteilung über die Existenz, etwas, von dem man so einfach unterrichtet wird, bzw: Es ist mehr als nur das. Die Existenz-Mitteilung bringt die Existenz hervor, die sie »mitteilt« oder: Indem sie mir Existenz »mitteilt« teilt sie mir diese - in einem Ereignis - zu. In der Existenz-Mitteilung des Christentums entsteht Existenz, sowohl im geschichtlichen Sinne, also im Jesus- Ereignis vor 2000 Jahren, als auch in überzeitlicher Hinsicht, für mich persönlich, wenn ich die christliche Mitteilung der Existenz begreife und damit zugleich er-greife.

Im Grunde haben wir es hier nur mit der christlichen Ausgabe eines existenzphilosophischen Grundgedankens Kierkegaards zu tun. Sein Schlüsselwort heißt dabei »Reduplikation«. Was er damit meint, kommt auch in dem Begriff »Innerlichkeit« zum Ausdruck: Daß es bei allem, was mich in meiner Existenz angeht, nicht genügt, bloß darum zu wissen, es zu kennen oder darüber sprechen zu können. Das Entscheidende ist die Frage, ob ich es mir zueigen gemacht habe, so daß es eine persönliche Realität meines Lebens geworden ist. Kierkegaard besitzt ein waches Auge für die erste Möglichkeit: Der Mensch kann den ganzen »Gehalt des Geistes« kennen, sich sehr treffend dazu äußern, wobei das, was er sagt, jedoch auf der Ebene von Gerücht, »Stadtgespräch« oder leeren Wort- und Satzgefügen bleibt. So zu leben ist eine einzige Dummheit, aus der man auch nicht herauskommt, indem man sich noch etwas mehr Wissen aneignet. Denn schließlich mangelt es dem Menschen, der so lebt, nicht an Wissen, sondern an Existenz, an Reduplikation und Innerlichkeit. Eine Mitteilung, die den ethischen Bereich betrifft, ist deshalb nicht bloß eine intellektuelle Botschaft, sondern ein Impuls, der den Verinnerlichungsprozeß in Gang bringen will, der die Wahrheit von leerer Worthülse zu einer persönlichen Wahrheit verwandelt. Ähnlich etwa wie die »Hebammenkunst« des Sokrates, die ebenfalls darauf abzielte, zu einer tieferen und persönlichen Wahrheit vorzudringen.

Das Besondere an der christlichen Existenz-Mitteilung

liegt darin, daß der Mensch hier praktisch im direkten Sinne des Wortes etwas mitgeteilt bekommt, über etwas Neues aufgeklärt wird. Kierkegaard untersucht den Unterschied zwischen der bloß ethischen oder ethisch-religiösen und der christlichen Existenzmitteilung, indem er Climacus die Verschiedenartigkeit von Sokrates und Jesus als Lehrer analysieren läßt. Sokrates teilt die ethische oder ethisch-religiöse Existenz mit, sagt damit aber rein objektiv gesehen nichts Neues; denn im Grunde teilt er ja nichts anderes als das mit, was jeder Mensch als Mensch selbst erkennen kann, denn Inhalt der sokratischen Mitteilung ist ja nichts anderes als die allgemeine Bedingung menschlichen Lebens. Jeder Mensch besitzt selbst die Voraussetzung zum Verstehen der Wahrheit über die menschliche Existenz. Folglich zielt Sokrates' Tätigkeit als Lehrer nur darauf ab, die Menschen dazu zu bringen, das zu verinnerlichen oder zu reduplizieren (d.h. persönlich zu verwirklichen), was sie schon von vornherein wußten. Er teilt nichts Neues mit und behauptet deshalb auch, niemals jemanden etwas gelehrt zu haben.

Climacus drückt das in einem Satz aus, der Berühmtheit erlangt hat: »Die Subjektivität ist die Wahrheit.« Das hat oftmals zu großen Mißverständnissen geführt. Deshalb sei an dieser Stelle ausdrücklich betont, daß der Satz zweierlei bedeuten kann: Zunächst einmal will er sagen, daß jeder Mensch die Bedingungen für ein authentisches oder richtiges Leben in sich selbst trägt. Alles andere Wissen - über irgendwelche Dinge, die Welt, die äußeren Verhältnisse - ist objektiv, muß einem von außen vermittelt worden sein, durch Beobachtung oder durch Unterricht. Das existentielle Wissen hingegen liegt in einem selbst, ist subjektiv. Man kann es sich nicht von anderen erzählen lassen, sondern muß es selbst entdecken.

Zweitens will der Satz aber auch darauf hinweisen, daß man das existentielle Wissen, das man in sich selbst trägt, auch selbst - subjektiv - verwirklichen soll. Es reicht nicht aus, dieses Wissen nur auf der Ebene von Gerücht, »Stadtgespräch« und leeren Worthülsen zu besitzen.

Wenn wir uns jedoch von Sokrates zu Jesus wenden, von der ethisch-religiösen zur christlichen Existenz-Mitteilung, erfährt der Satz eine Veränderung. Er muß geradezu ausgetauscht werden mit seinem Gegenteil; nun heißt es, daß die Subjektivität die Unwahrheit ist. Man geht nicht mehr von der Annahme aus, daß sich der Mensch im Besitz der Wahrheit über die Existenz befindet. Was er in sich selbst hat, ist ganz im Gegenteil die Unwahrheit. Eine Behauptung, die im Grunde nur eine mehr philosophisch klingende Formulierung des Dogmas von der Erbsünde ist, des Satzes, daß jeder Mensch nicht nur schuldig ist, sondern Sünder und als solcher die Möglichkeit verloren hat, authentisch zu existieren.

Deshalb muß Jesus etwas wirklich Neues bringen, nämlich die Wahrheit. Eine paradoxale Schwierigkeit besteht jedoch darin, daß die Wahrheit, die er bringt, ja keine objektive Wahrheit ist, eine Wahrheit über die Welt, irgendwelche Dinge, die äußeren Verhältnisse. Im Gegenteil: Seine Wahrheit hat geradezu den Anspruch, subjektiv zu sein und ist zu verstehen als die Wahrheit über die Bedingungen menschlicher Existenz. Jesus bringt die Wahrheit, die gerade nicht gebracht werden kann. Offenbar ist es dieses Schema, auf das wir immer wieder zurückkommen müssen: den paradoxalen Widerspruch, daß hier das geschieht, was eigentlich unmöglich ist.

Das hat zur Folge, daß sich Jesus nicht damit begnügen kann, die Wahrheit nur zu bringen. Da sie zu etwas Paradoxalem geworden ist, kann der Mensch sie nicht begreifen und daher auch nicht er-greifen. Deshalb muß Jesus noch etwas anderes tun. Indem er die Wahrheit bringt, muß er gleichzeitig die Bedingung dafür schaffen, daß der Mensch verstehen kann, daß es sich hierbei um die Wahrheit handelt. So drückt dies Climacus in seiner ersten Schrift aus, und das macht zugegebenermaßen einen etwas verwirrenden Eindruck. Die Sache ist derweil die, daß Climacus es sich in der erwähnten Schrift in den Kopf gesetzt hat, rein theoretisch das zu konstruieren, worauf das Christentum hinauslaufen muß. Genauer: was es bedeutet, wenn Sokrates nicht recht hat.

Mit »Bedingung«, das dürfte wohl jedem klar sein, ist natürlich der Glaube gemeint, und damit ist bereits auf das hingewiesen, was den radikalen Unterschied zwischen dem Christentum und jeder anderen religiösen Ansicht ausmacht. Der Glaube, so stellten wir oben bereits fest, ist die religiöse Möglichkeit, voll und ganz gegenwärtig zu sein im gegebenen Leben und im jeweiligen Augenblick, und dieser Glaube wurde im nur-religiösen Bereich als die äußerste Möglichkeit des Menschen beschrieben. Nun, im Christentum, erscheint er jedoch als eine Unmöglichkeit. Was seinen Grund darin hat, daß er nicht vom Menschen selbst kommt, sondern ihm von außen gegeben werden muß, von Jesus oder von Gott durch Jesus. So muß es sein. Gott ist die Möglichkeit, die sich zeigt, wenn keine Möglichkeit vorhanden ist. Doch im Christentum ist diese paradoxe religiöse Möglichkeit ausschließlich an die Person Jesu gebunden.

Durch den Mechanismus dieses Glaubens ist die Behauptung, daß die Subjektivität die Wahrheit sei, auch innerhalb des Christentums als gültig bewahrt worden, und zwar in ihrer zweiten Bedeutung. Die Wahrheit soll subjektiv verwirklicht, soll verwandelt werden von Gerücht und »Stadtgespräch« zu persönlicher Wirklichkeit. Mit anderen Worten: Man muß begreifen, daß im Christentum beide Behauptungen gelten - sowohl die, daß die Subjektivität die Unwahrheit ist, als auch die, daß sie die Wahrheit ist. Doch natürlich jeweils in ihrer besonderen Bedeutung.

Um das Ganze nicht mißzuverstehen, sei hier festgehalten, daß mit dem Wort »Glaube« nicht in erster Hinsicht der Glaube an irgend etwas gemeint ist, an eine Annahme oder etwas ähnliches. Diese Bedeutung hat es ganz bestimmt auch: der Glaube an Jesus als Gott selbst, an die göttliche Vergebung und dergleichen mehr. Man kann jedoch ohne weiteres »an etwas glauben«, z.B. daran, daß Jesus Gottes Sohn ist, ohne dabei auch nur ansatzweise gläubig zu sein. Erst wenn der Glaube verinnerlicht wird, ist er tatsächlich Glaube.

Was bei dem ganzen Prozeß herauskommen soll, ist offenbar in allen drei Arten der Lebenseinstellung dasselbe, in der ethischen ebenso wie in der religiösen und in der christlichen. In den beiden letztgenannten findet es sogar im selben Begriff seinen Ausdruck: nämlich in dem Wort »Glaube«. Im Christentum sind die Umstände nur verschärft. Wir haben festgestellt, daß der Mensch nicht nur schuldig ist an diesem oder jenem, sondern daß er Sünder ist. Deutlicher läßt sich sein Verlorensein nicht beschreiben, denn als Sünde ist es definitiv und unbehebbar. Der Mensch ist überhaupt nicht wirklich Mensch, sondern den Mächten preisgegeben. Was im Neuen Testament mit Hilfe der mythologischen Figuren Satan und Dämonen ausgedrückt wird, die die Welt an sich gerissen haben und die Fähigkeit besitzen, Menschen zu besetzen. Kierkegaard verwendet auch den Begriff »dämonisch« und bezeichnet damit meist den Zustand des Menschen, der Schiffbruch erlitten hat mit seinem Versuch, sein wahres Selbst zu erlangen, und der in »Verschlossenheit« und Trotz geendet ist. Doch in Wirklichkeit findet sich Dämonie in jedem Menschen, der noch nicht »durchsichtig« geworden ist, der sein Selbst noch nicht vollständig in die eigene Verantwortung übernommen hat. Das Verlorensein ist daher primär das Verlorensein an die anonymen Kräfte, die den Menschen bestimmen und ihn zu einem Rädchen in einer großen Maschinerie verwandeln, ihn mit anderen Worten zum Spießbürger machen. Dieses Verlorensein erklärt das Christentum als eine Folge der Sünde, und aus diesem Zustand kann sich der Mensch unter keinen Umständen befreien. Alle religiösen und ethischen Versuche, die in diese Richtung zielen, sind desperat und zwecklos. Von einer christlichen Position aus könnte man deshalb der marxistischen Behauptung beipflichten, daß die Religion das Opium sei, das den Menschen dazu bringen solle, seine verlorene Situation zu vergessen oder zu akzeptieren. Doch von dieser Position aus würde man hinzufügen, daß Christentum nicht identisch ist mit Religion im herkömmlichen Sinne.

Gott ließ sich also in Jesus vernehmen. Im Glauben ist der Mensch nun beruhigt und versöhnt in dem Dasein gegenwärtig, das ansonsten unausweichlich ein Leben in reinem Verlorensein bedeutet. Der Glaube hat hier nicht die Funktion eines »Glaubens an«, sondern ist die Beruhigung und Versöhnung selbst, bzw. die Einstellung zum Leben, die der Beruhigung und Versöhnung entspringt. Der Christ kann bewußt von »Versöhnung« sprechen, denn hier handelt es sich ja um die

Vergebung der Sünden kraft Jesu und seines Versöhnungstodes. »Daran glauben« ist identisch damit, froh in seiner Welt zu leben, versöhnt mit sich selbst und mit seinen Lebensbedingungen. Was also, um wirklich keine Mißverständnisse aufkommen zu lassen, nicht mit der demütigen Passivität verwechselt werden darf, gegen die die marxistische Behauptung polemisierte. Im Gegenteil: So zu leben, christlich versöhnt mit sich selbst in seiner Welt, ist der einzig wahre Ausgangspunkt dafür, handeln und in die Geschehnisse dieser Welt eingreifen zu können.

Zuweilen diskutiert man darüber, ob das Christentum eine Religion oder vielleicht eher eine Anti-Religion ist. Kierkegaards Meinung nach unterscheidet es sich auf jeden Fall von allen anderen Religionen dadurch, daß es eine Realität ist, ein geschichtliches Ereignis paradoxalen Charakters, ein göttlicher Wendepunkt in der Geschichte, der völlig neue Bedingungen dafür geschaffen hat, als Mensch leben zu können.

Die anderen Religionen hingegen sind menschliche Erfindungen. Deshalb können sie auch nur solange existieren, wie es jemanden gibt, der sie annimmt. Eine Religion dieser Art hat kein Dasein an sich, sondern nur aufgrund ihrer Annahme durch Menschen. Die griechische Religion lebte so lange, wie die Griechen der Antike an sie glaubten. Heute glaubt niemand mehr an sie, und damit haben Zeus, Apollo und die dionysischen Mysterien ihre Wirklichkeit verloren und sind nun nur noch ein Thema, mit dem sich Forscher verschiedener Fachrichtungen beschäftigen.

Das Christentum hingegen ist nicht davon abhängig, ob es jemanden gibt, der es annimmt; es hat Daseins-Charakter in sich selbst, als Gottes tatsächliches Eingreifen in einem geschichtlichen Ereignis und als die Schaffung neuer Bedingungen für das menschliche Leben. Deshalb kann man sagen, daß Zeus der Macht der Menschen ausgeliefert ist, da es ja von ihnen abhängt, ihm durch den Glauben an ihn Wirklichkeit zu geben. Jesus hingegen befindet sich nicht in der Macht der Menschen, da er als er selbst in seiner ewigen Bedeutung existiert, ganz unabhängig davon, was die Menschen annehmen oder glauben. Im Gegenteil: Die Menschen befinden sich in *seiner* Macht. Denn nur im Glauben an ihn kann man glaubend in seiner Welt leben, ohne daß dieses Leben Verlorenheits-Charakter hat.

XI Die politische Bedeutung des Christentums

Daß alle Religionen, darunter auch das Christentum, eine tatsächliche, eine gesellschaftsrelevante oder politische Bedeutung haben, dürfte bereits aus dem bisher Gesagten hervorgegangen sein. Wenn man außerhalb des spießbürgerlichen Bereichs als Mensch nur kraft des Religiösen leben kann, kommt auch der Religion die Funktion zu, zu bestimmen, wie man sein Leben als Mensch in der Welt führen soll. Das ist eine Tatsache, von deren Richtigkeit man sich überzeugen kann, wenn man sich einmal irgendeine Religion etwas genauer anschaut. Dabei ist es gleichgültig, ob man sich nun dem Hinduismus, dem Islam oder irgend einem anderen Glauben zuwendet. Doch es besteht für uns kein Anlaß, hier tiefer nachzufragen, da all diese historischen Dinge auch Kierkegaard nicht interessieren.

Sein Interesse gilt dem Christentum, und zu einem Problem im besonderen wird für ihn das Christentum im Dänemark seiner Zeit, das er ja hautnah erlebt. Es *wird* tatsächlich erst zum Problem für ihn und ist dies nicht von Anfang an. Der Grund dafür, daß es eine entscheidende Bedeutung für ihn erhält, liegt in den politischen Ereignissen, der Einführung von Grundgesetz und Demokratie.

Es mag vielleicht etwas schwerfallen, Kierkegaards Einstellung zu diesen Ereignissen ganz zu verstehen. Das liegt daran, daß politische und staatstheoretische Gedanken für ihn nie zuvor ein Thema gewesen waren. Möglicherweise deshalb, weil er ein festes Bild davon hatte, wie eine Gesellschaft auszusehen habe, oder weil er ohne tiefergehende Überlegungen die Gesellschaft, in der er aufgewachsen war, als Ideal ansah. Doch wohlgemerkt nur in der Theorie, denn wie ich schon an früherer Stelle erwähnte, verhielt er sich ja außerordentlich polemisch gegenüber seiner Zeit und deren Stumpfsinn, Erbärmlichkeit und Mittelmaß. Den umfassendsten Eindruck davon erhält man in seinem Buch »Eine literarische Besprechung«, in dem er Frau Gyllembourgs »Zwei Zeitalter« zum

Anlaß für eine scharfe Analyse seines eigenen »Zeitalters« nimmt, das sich in seinen Augen durch einen Mangel an Leidenschaft deutlich von der Revolutionszeit abhebt. Gerade an diesem Punkt, bei der Frage der Leidenschaft, so Kierkegaard, liege der entscheidende Unterschied zwischen den beiden Zeitaltern und nicht im Bereich einer unterschiedlichen Strukturierung der Gesellschaft oder unterschiedlicher Staatstheorien. Kierkegaard betont das mit Nachdruck, denn persönlich war er kein Freund von Revolutionen. Zumindest nicht zu dem Zeitpunkt, da die Besprechung erschien, also im Jahre 1846. Was sich in der Folgezeit jedoch noch ändern sollte.

Ohne dies jemals ausdrücklich festzustellen, fühlte sich Kierkegaard sehr wohl in der Gesellschaft, die er kannte: im aufgeklärten Absolutismus, in einer bürgerlichen Klassengesellschaft. In solch einer Gesellschaft herrscht äußere Ungleichheit. Die verschiedenen Klassen sind in sozialer, wirtschaftlicher und funktionsmäßiger Hinsicht voneinander getrennt, und erst aufgrund dieser Ungleichheit kann die Gesellschaft überhaupt funktionieren. Würden die Verhältnisse dem Ideal entsprechen - was natürlich auch Kierkegaards Einschätzung zufolge nur selten der Fall ist - wären Absonderung und Ungleichheit nicht identisch mit Unterdrückung und Tyrannei, sondern hätten lediglich den Zweck, die Verteilung von Aufgaben und Verantwortung zu ermöglichen.

Von den wenigen großen Staatstheoretikern, mit denen er sich wirklich beschäftigte, nämlich Platon, Aristoteles und Hegel, hatte Kierkegaard gelernt, daß die glückliche Gesellschaftsform die sei, in der sich die Bürger auf die verschiedenen Funktionen verteilen, die für den reibungslosen Ablauf des gesellschaftlichen Geschehens nötig sind, und wo jeder auf seinem Platz bleibt, dort seine Arbeit verrichtet und man sich auf diese Weise gegenseitig mit den Aufgaben dient, die jeder ausübt. In diesem Falle ist die Ungleichheit ein unumgängliches und glückliches Prinzip, denn nur aufgrund ihrer kann man einander nützlich sein.

Die Bauern sollen für die Lebensmittelversorgung sorgen, die Handwerker und Arbeiter Gebäude, Hausrat, Werkzeug und dergleichen mehr herstellen, die Kaufleute für die Verteilung der Gebrauchsgüter verantwortlich sein, die Bankbeamten sollen sich der fianziellen Grundlage annehmen, die Soldaten das Land beschützen und schließlich der König und seine Beamten das Reich regieren.

Kierkegaard war sich sehr wohl im klaren darüber, daß die Wirklichkeit längst nicht so ideal aussah. Es gab Übergriffe, die höheren sozialen Klassen waren oft dumm in ihrem Hochmut, und die Regierenden erfüllten ihre Aufgabe nicht unbedingt vorbildlich. Doch die Schuld daran, daß es sich so verhielt, lag nicht beim System als solchem, sondern hatte ihren Grund in menschlicher Schwachheit. Und die ließ sich nicht durch äußere Maßnahmen oder Veränderungen beseitigen.

Das entscheidende Problem bestand für Kierkegaard unterdessen in der Frage, welche Rolle das Christentum und damit die Kirche als Institution in diesem Zusammenhang spielte. Es erschien einleuchtend, daß die Kirche nicht bloß die Aufgaben einer Service-Institution für besonders religiös veranlagte Menschen erfüllen sollte, wie z.B. das königliche Theater ein Dienstleistungsbetrieb für Menschen mit Interesse an Dramatik, Oper oder Ballet war. In dem Fall wäre das Christentum in einen Unterhaltungsbetrieb für empfindsamere Gemüter verwandelt worden. Doch wenn das also nicht ihre Aufgabe war - wozu war dann die Kirche eigentlich nütze?

Kierkegaards Antwort lautet: Dazu, ganz allein dazustehen, als die einzige Institution, die sich unbedingt an alle wendet, und gleichzeitig als die Institution, die nicht auf einer Ebene mit anderen Einrichtungen steht, sondern primär und grundlegend für alle anderen ist: die Kirche als das Fundament des gesamten Reichs und dessen Glücks. Nicht in dem Sinne, daß sie ein religiöser Garant dafür sein sollte, daß Gott es gut meine mit Dänemark und das Land samt seinen Bürgern unter seiner Flügel Schutz nehmen und bewahren wolle. Sondern so verstanden, daß der einzelne Bürger nur durch das Christentum, für das die Kirche stellvertretend als autoritatives Organ steht, sein wahres Leben als Mensch gewinnen und im Glauben ganz in seiner Gesellschaft gegenwärtig sein könne.

Das bedeutete gleichzeitig, daß für Kierkegaard Kirche der

Ausdruck wesentlicher Gleichheit aller Menschen untereinander war. Draußen in der Gesellschaft herrschte Ungleichheit. Und damit hatte es auch seine Richtigkeit, da es ja ohne diese Ungleichheit keine Gesellschaft hätte geben können. Doch diese äußere Ungleichheit hatte ihren Grund in einer Gleichheit, die fundamentaler war, die Kierkegaard von Anfang an betonte und die darin bestand, daß alle Menschen in gleicher Weise Menschen sind und hinsichtlich der existentiellen Aufgaben von völlig gleichartigen Bedingungen ausgehen müssen. Was christlich betrachtet in den Worten seinen Ausdruck findet, daß vor Gott alle Menschen gleich sind.

Vielleicht können wir es noch etwas deutlicher formulieren: Der politische Aspekt kirchlich-christlicher Verkündigung liegt darin, daß sie die Bürger dazu befähigt, es als ihre ihnen von Gott auferlegte Pflicht betrachten zu können, ihren Platz in der Gesellschaft einzunehmen und in bewußter Verantwortung und nach bester Fähigkeit ihre Aufgabe zu erfüllen. Die Kirche verkündet nicht Recht und Ordnung als etwas, was rein äußerlich eingeführt und aufrechterhalten werden soll, sondern bewirkt mit ihrer Verkündigung, daß Recht und Ordnung nur deshalb entstehen, weil die Bürger glaubend und mit Ernst den inneren Zusammenhang der Gemeinschaft verwirklichen.

Daher ist es sicherlich richtig, daß der Staat das Christentum unterstützt, indem er die Kirche als Institution aufrechterhält. - Doch in Wirklichkeit verhält es sich genau umgekehrt, das Christentum stützt den Staat, indem es ihm Bürger sichert, die ihr Leben in der Gesellschaft ernst nehmen und sich für dessen Gestaltung in ihr verantwortlich fühlen. Folglich muß der Staat das größte Interesse am Christentum und an der Kirche haben, da hier ja das Fundament des Ganzen liegt.

Aus diesem Grunde ist Kierkegaard ein erbitterter Gegner aller Forderungen nach religiöser Toleranz. Ansonsten war es zu seiner Zeit bereits modern geworden, dahingehende Forderungen zu stellen; ein Erbe aus der Zeit der Aufklärung. Toleranz kann ihr Recht gegenüber so vielem anderen haben, doch nicht, wenn es um Religion geht. Das Christentum war selbst außerordentlich intolerant, da es sich als die Wahrheit verstand, als Gottes eigenes Eingreifen in den Lauf der Geschichte. Sich zu einer Idee zu bekennen, die davon ausgeht, daß jeder in seinem Glauben selig werden könne, war für Kierkegaard Gotteslästerung und mußte im übrigen eine zerstörerische Wirkung auf die Gesellschaft haben, die ja damit ihr Fundament verlöre und ihrer Auflösung entgegenginge. Pflicht, Ernsthaftigkeit und Verantwortung würden zu leeren Worthülsen verkommen.

Unter diesen Umständen ruhte eine große und besonders ernste Verantwortung auf den Schultern der Geistlichkeit und insbesondere auf den Schultern des Mannes, der an ihrer Spitze stand, Seelands Bischof Mynster. In dieser Situation war Autorität in der Kirche gefragt, die Verkündigung sollte mit Macht geschehen. Natürlich nicht auf äußerliche Art, dadurch, daß man mit der Faust auf den Tisch schlug oder dergleichen, sondern mit der Macht, autoritativ zu sagen, worauf die Wahrheit hinauslief. Der Pfarrer sollte der Gemeinde nicht nach dem Munde reden, um sich beliebt zu machen, sondern sie »zur Ordnung rufen«. Schließlich war es die Aufgabe der Geistlichkeit, für die Erhaltung von Staat und Gesellschaft als der Gemeinschaft Sorge zu tragen, an die die christliche Verkündigung den Menschen verweisen konnte, wenn es um die Gestaltung seines Lebens ging. Die Kirche mußte das Vorhandensein einer harmonischen Gesellschaftsordnung voraussetzen, weil sie sonst das Christentum nicht länger verkündigen konnte.

All diese Überlegungen zum Verhältnis von Kirche und Staat, von Religiösem und Politischem, waren in der ersten Periode von Kierkegaards Verfasserrschaft nicht sonderlich hervorgetreten. Man muß schon gründlich nach ihnen suchen und findet doch nur hier und da vereinzelte Bemerkungen zu diesem Thema. Mit den Ereignissen von 1848 ändert sich das. Jetzt beschäftigt er sich sehr eingehend mit dieser Problematik, da seiner Meinung nach mit der Annahme des Grundgesetzes und der Einführung demokratischer Staatsinstitutionen alles anders geworden ist,und er prophezeit, daß es zu einer großen Zersetzung kommen werde - sowohl im religiösen als auch im politischen Bereich.

Kierkegaards Meinung nach wird »der Einzelne« in einer demokratischen Gesellschaft völlig untergehen und damit auch der Prozeß unmöglich werden, den er ja immer wieder geschildert hat: daß jeder Mensch erst »er selbst« werden muß, bevor er überhaupt richtig in der Gemeinschaft fungieren und ein soziales Wesen werden kann. Das, so meinte er, sei in der Klassengesellschaft des aufgeklärten Absolutismus möglich. In einer Demokratie hingegen sei es undurchführbar. Denn die Demokratie appeliere nicht an den »Einzelnen«, sondern an die »Menge« - und Kierkegaard hegte das größte Mißtrauen den Menschen gegenüber, die in Gruppen zusammenlaufen und zur Menge werden, zum Publikum, zur Masse.

»Der Einzelne« und »Menge« sind Begriffe, die einander ausschließen; und mit dem ihm eigenen psychologischen Scharfsinn arbeitet Kierkegaard die Pointen in dem Bereich heraus, den man seither als Massenpsychologie bezeichnet hat. Sobald Menschen zur Menge werden, zur Masse, sinkt das Intelligenz-Niveau. Als Teil einer Masse werden selbst begabte Menschen dumm; sie lassen sich so weitgehend hypnotisieren, daß sie völlig einäugig auch die unangemessensten und oberflächlichsten Schlagworte akzeptieren; die Demagogie ergreift die Macht und kann die Massen dazu bringen, die törichsten Dinge zu tun.

Das Schlimmste dabei ist Kierkegaards Meinung nach, daß sich die Masse nie selbst im klaren darüber ist, was sie eigentlich will. Ihr fehlt ein wirkliches Ziel, das aus einer verstandesmäßigen Überlegung hervorgegangen ist und für das sie sich selbst entschieden hat. (Menschen in der Masse können, wie es z.B. im selben Jahr in Paris der Fall war, durch die Straßen stürzen ohne selbst genau zu wissen, wieso.) Das führt dazu, daß die Masse immer verantwortungslos handelt, weil es in der Realität niemanden gibt, der die Verantwortung auf sich nimmt. Sie liegt bei allen und daher bei keinem.

In einer zugespitzten Revolutions-Situation kann dergleichen leicht geschehen. In gewisser - bedauerlicher - Hinsicht ist das auch in Ordnung so. Wenn man jedoch eine Staatsordnung, eine Verfassung, auf die Masse baut, auf das Quantitative, die Majorität, dann muß man sich im klaren darüber sein, daß man damit die gesamte Gesellschaft dem Irrationalen preisgibt: zufälligen Stimmungen innerhalb der »Wählermasse«, kopflosem und undurchdachtem Handeln, Prozessen, für die niemand die Verantwortung übernehmen will.

Die Demokratie wird Kierkegaards Meinung nach zu einer weitaus schlimmeren Tyrannei als alle bisher bekannten Formen totalitärer Staatsführung, und er prägt in diesem Zusammenhang den Begriff von der »Tyrannei der Menschenfurcht«. Aus Furcht vor der Masse und deren Allmächtigkeit wird der einzelne Mensch nicht mehr seine eigenen Entscheidungen treffen und in eigener Verantwortung zu ihnen stehen können. Mit anderen Worten: Unter solchen Umständen ist es unmöglich, wirklich Mensch im Sinne Kierkegaards zu werden. Und damit ist es ebenso unmöglich, Christ zu werden.

Wer aber trägt die Schuld dafür, daß die Ereignisse in Dänemark einen so tragischen Lauf erhalten konnten? - Die Kirche! Denn sie hätte »zur Ordnung rufen«, die Menge zerstreuen, der Unmenschlich-Machung entgegentreten müssen. Doch statt sich dieser Aufgabe zuzuwenden, schwieg sie nicht etwa nur, sondern lief sogar mit in der Menge und wurde genauso »demokratisch« wie alle anderen. Daß auch Grundtvig an dieser Bewegung teilnahm, hatte Kierkegaard bereits erwartet. Daß sich ihr aber auch Bischof Mynster anschloß, war einfach katastrophal! Denn Mynster war Kierkegaards Meinung nach nicht nur derjenige, der dem Wahnsinn als erster hätte Einhalt gebieten müssen, sondern zugleich der einzige, dem dies aufgrund seiner Persönlichkeit und Autorität möglich gewesen wäre. Und er versagte! Um stattdessen dem Volk nach dem Mund zu reden!

Kierkegaards Kritik an der politischen Entwicklung hatte in den letzten sieben Jahren seines Lebens einen sehr intensiven und verbitterten Charakter angenommen, und es ließe sich weitaus mehr darüber sagen, als ich es hier getan habe. Mir ging es in unserem Zusammenhang nur darum, Kierkegaards Position nachzuzeichnen, weil so sein letztes ungestümes Auftreten wesentlich besser zu verstehen ist. Will man in aller Kürze seine Kritik beurteilen, liegt der Schluß nahe, daß er sich hier als die typisch reaktionäre Persönlichkeit erweist, die dem Fortschritt abweisend gegenübersteht, dem sich die meisten anderen begeistert anschließen.

Auf der anderen Seite läßt sich jedoch nur schwerlich bestreiten, daß sich seine dunklen Analysen und Prophezeiungen in weitem Umfang bewahrheitet haben. Werfen wir doch bloß einmal einen flüchtigen Blick auf die dänische - und auch die deutsche - politische, wirtschaftliche und soziale Situation, wie sie sich heute darstellt: Kierkegaards »Menschen-Furcht« findet ihren Ausdruck in Partei- und Organisationszwang, Meinungsterror, Verflüchtigung des Verantwortungsgefühls, in sozialem Neid und Mißbrauch sozialer Güter sowie politischer Verwirrung und Machtlosigkeit. Oder wie Kierkegaard es zu seiner Zeit ausdrückte: Die Regierung regiert gar nicht, sondern redet dem Volk nur nach dem Munde!

XII Nachfolge

Hand in Hand mit der erbitterten Kritik an der politischen Entwicklung geht bei Kierkegaard eine Vertiefung der Erkenntnis dessen, was Christentum eigentlich bedeutet; und dieses letzte ist für ihn natürlich das Entscheidende.

Eigentlich ist es gar nicht so schwer nachzuvollziehen, wohin diese Vertiefung führt; es läßt sich eigentlich ganz kurz darstellen. Bisher hat Kierkegaard in der Erörterung dessen, was Christentum bedeutet, mit Nachdruck auf die Inkarnation hingewiesen, die Behauptung, daß Gott in der Person Jesu Mensch geworden sei. Diesem Gedanken wurde besonders viel Raum in den Schriften des Climacus eingeräumt, und im Grunde ist das etwas sonderbar. Climacus maß der Göttlichkeit Jesu solch ein Gewicht bei, daß die Frage, wer dieser Jesus denn sonst noch war, ganz und gar in den Hintergrund trat, die Frage also nach dem, was er gesagt und getan oder danach, wie sein Lebensschicksal ausgesehen hatte.

Vor Climacus hatte bereits Paulus etwas ähnliches getan. Das, worauf dieser sich in seiner Verkündigung des Christentums voll und ganz konzentrierte, war Jesu Tod und Auferstehung. Was Jesus hingegen in seinem Leben gesagt und getan hatte, interessierte ihn nicht. In seinen Briefen weist er praktisch an keiner Stelle auch nur andeutungsweise darauf hin. Und bei ihm hat diese Betrachtungsweise nicht nur Zufalls- Charakter, sondern ist prinzipieller Art. Sein Interesse gilt nicht dem »Christus nach dem Fleische«, und der Jesus, den er auf dem Weg nach Damaskus getroffen zu haben glaubte, war gerade der verherrlichte Christus.

Für Kierkegaard hingegen ist das nicht in gleicher Weise eine Frage des Prinzips. Nachdem er eingehend das Dogma der Inkarnation untersucht hat, die Lehre, daß Gott Mensch wurde, wendet er sich nun den neutestamentlichen Berichten vom »Jesus nach dem Fleische« zu, also der Überlieferung von Jesu Verkündigung, seiner Werke und seines Schicksals - und damit erhält das Bild vom christlichen Leben neue Züge.

Diese veränderte Blickrichtung schlägt sich vor allem in einem großen Werk nieder, der »Einübung im Christentum«, geschrieben von einem pseudonymen Verfasser, der sich Anti-Climacus nennt. Der Name soll vermutlich darauf hinweisen, daß hier etwas anderes, etwas Gegensätzliches oder Supplierendes zu den Schriften gesagt wird, für die Climacus als Verfasser verantwortlich zeichnet.

Es läßt sich nicht bestreiten, daß dadurch, zumindest scheinbar, eine Spannung entsteht, ein Gegensatz oder sogar ein direkter Widerspruch innerhalb von Kierkegaards Verständnis des Christentums. Dabei handelt es sich jedoch um einen Widerspruch, der seine Wurzeln im Neuen Testament selbst hat. Vielleicht können wir uns das einmal etwas genauer anschauen!

Es ist eine Binsenweisheit, daß man Jesu Verkündigung und Werk unmöglich auf eine eindeutige Formel bringen kann. Dazu sind sowohl sein Tun als auch seine Verkündigung zu voll von Gegensätzlichkeiten. Eine entscheidende Rolle spielt dabei besonders ein ganz bestimmter Widerspruch: Die Tatsache, daß auf der einen Seite die Milde Jesu keine Grenzen kennt und daß auf der anderen Seite seine Strenge ebenso unbegrenzt ist, wobei die Betonung auf »unbegrenzt« liegt. Es verhält sich also nicht so, daß er etwas mild und etwas streng wäre, sich insgesamt sehr nachsichtig gäbe, aber trotzdem nun einmal gewisse Forderungen stellen müsse. Was Jesus tut oder ist, hat stets Absolutheits-Charakter und kennt keine Grenzen.

Auf der einen Seite ist Jesus fast schon unzulässig sorglos, wenn es darum geht, Menschen ihre Sünden zu vergeben. Jedem x-Beliebigen spricht er Vergebung zu, ohne besondere Untersuchungen über den Sachverhalt angestellt zu haben und oft sogar, ohne den Betreffenden überhaupt zu kennen. Auf der anderen Seite geht er davon aus, daß alle Menschen Sünder sind, und sobald er einen Menschen trifft, der aufgrund der Tatsache seines Menschseins ein verlorener Sünder ist, sagt er gleich: »Deine Sünden sind Dir vergeben!« So ganz ohne weiteres, ohne ihm eine Moralpredigt zu halten oder etwas von ihm zu verlangen.

Auf der anderen Seite ist Jesus unmenschlich in seinen Forderungen - zu verkaufen, was man hat, alles zu verlassen, seine Angehörigen zu hassen, alles den Armen zu geben, sich dem Bösen nicht zu widersetzen, die andere Wange hinzuhalten usw. usw. All diese Gebote lassen sich zusammenfassen in der Aufforderung, ihm zu folgen in Armut, Verfolgung, Leiden und Kreuzestod.

Jesus tritt in einer Doppelrolle auf, die sich theologisch so beschreiben läßt: Auf der einen Seite ist er der Versöhner, der alles verzeiht und auf der anderen das Vorbild, von dem die Forderung der Nachfolge ausgeht. Kierkegaard wendet sich immer wieder diesen beiden Seiten Jesu zu, und es ist deutlich, daß er nicht mit der Frage zurechtkommt, wie sie sich zueinander verhalten und wie sie beide gleichzeitig Geltung haben können.

Es ist bestimmt eine grobe Vereinfachung, in der Tendenz aber dennoch sehr treffend, wenn man sagt, daß Kierkegaard zunächst, in der Gestalt des Climacus, in aller Ausführlichkeit den ersten Aspekt untersucht: Jesus als der Versöhner, der grenzenlose Vergebung spendet, und sich daraufhin, als Anti-Climacus, genauso intensiv dem anderen Aspekt zuwendet: Jesus als Vorbild, das zur Nachfolge aufruft, also die grenzenlose Forderung stellt. Die Pointe liegt dabei darin, daß keiner der beiden Autoren die volle Wahrheit ausdrücken kann. Das Christentum lebt in der Spannung zwischen den beiden Polen, und deshalb wäre es gleichbedeutend mit seiner Zerstörung, wenn man sich ausschließlich an einer der beiden Positionen orientieren würde und die andere dabei ganz in Vergessenheit geriete. Kierkegaard ist mehr und mehr davon überzeugt, daß gerade dies das Problem der Kirche seiner Zeit mit Mynster an der Spitze ist: daß sie das aus den Augen verloren hat, was Anti-Climacus betont und damit das Christentum zu einer weichlichen und verwöhnten Sentimentalität hat verkommen lassen.

Wie immer stellt Kierkegaard auch hier seine Positionen so extrem wie möglich dar. Das Christentum sei eine göttliche Forderung von größter Strenge, die vom Menschen verlange, dem Irdischen abzusterben, und zwar nicht nur dem Unmit telbaren, so wie Climacus dies fordert, sondern aller Lebenslust, sich zu erniedrigen, demütig zu werden, zu leiden und den Tod als Märtyrer zu sterben. Wenn ein Mensch Jesus wirklich in Entsagung und Leiden nachfolgen wolle, werde er unvermeidlich seine Mitmenschen, den menschlichen Egoismus, derart in Rage bringen, daß ihm Verfolgung und der Tod als wahrer Märtyrer gewiß seien. Und nur so, als Verfolgter und als Märtyrer, könne man ein Zeuge der Wahrheit sein.

Das Buch ist mit leidenschaftlicher Intensität geschrieben und ist eine überaus provozierende Lektüre. Dahinter steckt ein nur oberflächlich verdeckter Angriff auf die Kirche dieser Jahre und deren Verkündigung. Mynster sah darin einen persönlichen Angriff auf sich und Theologieprofessor Martensen, der gleichzeitig das Amt des Hofpredigers innehatte. Doch einmal ganz abgesehen davon stellt sich trotzdem noch die Frage, was Kierkegaard eigentlich mit diesem Buch meinte und wollte.

Der Grundgedanke des Werkes steht im totalen Widerspruch zu dem, was bisher stets Kierkegaards Anliegen gewesen war: eine Analyse der Voraussetzungen für ein authentisches Leben in der jeweiligen Gesellschaft zu geben. Hier wird nun das genaue Gegenteil behauptet: daß Christentum und ein normales Leben einander ausschlössen. Im Christentum werde verlangt, sein Leben zu opfern, den Weg des Leidens zu gehen, der zu Folter und Hinrichtung führe. - Ist es eigentlich möglich, daß Kierkegaard so etwas allen Ernstes meinen kann?!

Natürlich nicht! Wie bereits weiter oben gesagt: Anti-Climacus' Buch muß immer zusammen mit dem Werk des Climacus gesehen werden. Beherzigt man das, dann wird man feststellen, daß sie sich gegenseitig ergänzen und ins Gleichgewicht bringen. Theologisch ausgedrückt: Hinter dem Vorbild, der Auffoderung zur Nachfolge, steht der Versöhner mit Gnade und Vergebung bereit. Kierkegaard versteht sich selbst in dieser Angelegenheit als Korrektiv zur herrschenden Meinung. Wenn diese zur einen Seite rückt, muß sich das Korrektiv genauso markant auf der anderen Seite in Position bringen. Versucht man, das Korrektiv als die Wahrheit selbst zu verstehen, liegt man auf jeden Fall falsch. Ein Korrektiv muß stets im Zusammenhang mit dem gesehen werden, was es ins rechte Licht rücken will, und erst in der Spannung oder Balance zwischen einer Abweichung und ihrem Korrektiv liegt die Wahrheit. Kierkegaard gelingt es dann doch noch, der Angelegenheit eine Wendung in die richtige Richtung zu geben. Auch in einem so unmenschlichen Buch wie diesem glückt es ihm noch, eine Brücke zum gewöhnlichen menschlichen Leben zu schlagen, das er von Anfang an im Visier gehabt hatte. Das geschieht, indem er in seinem Buch ein Korrektiv zu dem Korrektiv anbringt, das das Buch ja selbst schon ist. Jeder der drei Teile des Werkes beginnt mit demselben gleichlautenden Vorwort, und der erste große Abschnitt endet mit einer Art Nachschrift, der »Moral«, in der eine Schlußfolgerung gezogen wird. Kierkegaard stellt sich einen Leser vor, der entsetzt und desorientiert fragt, was man denn bloß tun solle, wenn das Christentum als eine solch unmenschliche Forderung an den Menschen herantrete. Es sei ja unmöglich, ihr in aller Konsequenz Folge zu leisten. Die Antwort an den gedachten Leser lautet: Das brauche man auch gar nicht. Man solle demütig erkennen, daß dies zwar die Forderung sei, dann aber redlich einräumen, ihr nicht Folge leisten zu können. Weshalb man »sich in den Bereich der Gnade flüchten« müsse. »Und dann,« so schreibt er, »nicht weiter«. Denn an diesem Punkt angelangt wende man sich wieder dem ganz gewöhnlichen Leben zu und freue sich seiner Ehefrau, seiner Kinder, seiner Freunde und seines Platzes in dieser Welt.

Hier, in der strengsten Auslegung des Christentums, zeigt sich die Möglichkeit der Wiederholung, und man beachte, daß Kierkegaard von Anfang bis Ende an diesem Schema festgehalten hat. Wer sein Leben nicht in Verlorenheit führen will, wie im Falle des Spießbürgers, muß eine »Doppelbewegung« vornehmen: alles aufgeben und gleichzeitig alles zurückerhalten. Der Unterschied zwischen den verschiedenen Lebensmöglichkeiten besteht eigentlich bloß in der Frage, kraft wessen man alles zurückerhält - ob nun »die ewige Macht« dahinter steht, der Gott, Gott oder Jesus. Worin auch wieder der Unterschied in der Auffassung dessen deutlich wird, was der

Mensch aus eigener Kraft vermag. Erst im Christentum hat die Einschätzung, daß er absolut nichts vermag, uneingeschränkt Geltung. Was in markanter Weise seinen Ausdruck darin findet, daß der Mensch vollkommen außerstande ist, der Forderung nachzukommen, die ihm gestellt ist. Im Christentum ist das Leben, das gewöhnliche Leben also, auf das es bei Kierkegaard stets ankommt, etwas, was man gnädigst zugeteilt bekommt. Deshalb kann man auch mit nichts prahlen, was immer es auch sein möge - auch, wenn man rein menschlich gesehen vielleicht schon einiges vorzuweisen hätte, auf das man stolz sein könnte. Stattdessen muß man sich des Umstandes bewußt sein, daß man von Gott die Erlaubnis erhalten hat, sich über das Leben zu freuen. Und erst, wenn man so weit gekommen ist, kann man sich wirklich vollkommen freuen, denn wenn das Leben Gottes Gabe ist, dann ist es an und für sich schon absolut gut, gleichgültig, wie es sich rein praktisch auch immer gestalten mag.

Die »Einübung im Christentum« wurde 1848 geschrieben, erschien jedoch erst zwei Jahre später, also 1850. Den Tagebüchern können wir entnehmen, daß Kierkegaard seine Schwierigkeiten mit diesem Buch hatte und sich wiederholt die Frage stellte, ob er es überhaupt herausgeben solle und wenn ja, in welcher Form. Er muß gefühlt haben, daß er mit diesem Werk im Begriff war, neue Wege zu beschreiten. Und mit diesem Gefühl lag er ganz richtig. Im Jahr darauf gab er - unter seinem eigenen Namen - den Band »Zur Selbstprüfung« mit dem Untertitel »Der Gegenwart empfohlen« heraus. Darin beginnt er nun direkt zu sprechen, eindringlich, anklagend, wachrüttelnd. Es wirkt wie der erste Windstoß eines Sturms, der im Anzug begriffen ist.

Doch das Unwetter brach erst gegen Ende des Jahres 1854 los.Die Zeit bis dahin nutzte Kierkegaard, mit fast schon verbissener Beständigkeit tiefer und tiefer in das Problem einzudringen, das sich ihm gestellt hatte. Im Grunde muß man schon von einem ganzen Komplex von Problemen sprechen, mit dem er zu tun hatte und den wir - etwas vereinfachend - vielleicht am besten so umschreiben können: Jesus verlangt dem Menschen tatsächlich etwas ganz Unmenschliches ab.

Das führt zu der Frage, ob man angesichts dessen einfach daherkommen und feststellen kann, daß diese Forderung also an den Menschen gestellt ist und dann konstatieren, daß es ihm nicht möglich ist, sie zu erfüllen um schließlich, nachdem man dieses Eingeständnis also gemacht hat, fröhlich weiterzuleben als sei nichts geschehen. Ist das nicht ein Mißbrauch der Gnade? Wird Jesu Forderung so nicht zu reiner Spiegelfechterei? Geradezu so, als ziele sie gar nicht darauf ab, daß der Mensch sie erfüllen soll?

Eines stand für Kierkegaard auf jeden Fall außer Zweifel: Wenn man die Forderung Jesu vollkommen außer Betracht ließe, sie gar nicht beachtete und nicht in der Kirche verkündigte, sondern sich damit begnügte, Gnade, Vergebung und das Leben als Gottes frei zu gebrauchende Gabe zu predigen, dann würde man dem Christentum nicht gerecht werden und Gott selbst zum Narren halten. Und gerade das war es, was Kierkegaards Meinung nach gerade gemacht wurde und dessen sich Mynster in höherem Maße befleißigte als die meisten anderen.

Als erstes mußte Kierkegaard daher verlangen, daß die Forderung Jesu wieder gehört werde und zwar in ihrer ganzen Strenge, so daß man nicht bloß in Weichlichkeit und in der irrigen Überzeugung dahinlebte, daß genau darauf die Forderung hinauslaufe, nämlich in Weichlichkeit dahinzuleben. Das Schlüsselwort für Kierkegaard hieß »Eingeständnis«. Die Kirche mit Mynster an ihrer Spitze sollte das Eingeständnis machen, daß das, was sie verkündigte, nicht Christentum im strengen Sinne war, sondern eine Vermilderung und Abschwächung. Sie sollte genau das verkündigen, was Jesus eigentlich forderte und daraufhin einräumen, daß sie dieser Forderung nicht einmal ansatzweise nachkommen könne. Daraufhin dürfe sie »zur Gnade hinfliehen« und durch sie die Erlaubnis erhalten, in Weichlichkeit zu leben. Erst so würde die Rechnung aufgehen. Das also wollte Kierkegaard erzwingen. Es ging ihm gar nicht darum, daß man sich nun in verzweifelte Versuche stürzte, um die Forderung zu erfüllen, ein Leben als Christ im eigentlichen und strengeren Sinne zu führen. Ihm lag lediglich daran, die Buchführung in Ordnung zu bringen.

Oder wie er selbst es ausdrückt: Ihm ging es um die Redlichkeit.

Es ist wichtig, sich einmal die Situation klarzumachen, mit der wir es hier zu tun haben: Kierkegaard, ein noch verhältnismäßig junger Mann, stand zu dem alten Mynster in einer Beziehung, über die Freud eine ganze Menge hätte sagen können. Mynster war für den Jüngeren stets eine Art Vater-Figur gewesen, was durch einen besonderen psychologischen Mechanismus Kierkegaards noch verstärkt wurde: Ein so durch und durch polemischer Mensch wie er verhält sich den meisten anderen Menschen gegenüber ablehnend, kritisch und oft höhnisch, wie es zum Beispiel in seiner Haltung Grundtvig gegenüber zum Ausdruck kommt. Als eine Art Kompensation hat er jedoch gleichzeitig die Tendenz, sich einige ganz wenige Personen zu erwählen, die er dafür fast grenzenlos bewundert und denen er den größten Respekt entgegenbringt.

Einer von ihnen ist Mynster, für Kierkegaard »der ehrwürdige Greis«. Deshalb ist es für ihn schon fast eine Frage von lebensnotwendiger Wichtigkeit, Mynster auf seine Seite zu bekommen. Würde dieser seinen eindringlichen Aufforderungen nachkommen und das verlangte Eingeständnis machen, dann wäre Kierkegaards Verehrung für den alten Bischof grenzenlos. Doch Mynster tut nichts dergleichen; vielleicht hatte er auch nicht ganz begriffen, wohin Kierkegaard ihn eigentlich haben wollte. Als Mynster nun stirbt, vollzieht sich in Kierkegaards Bewußtsein eine totale Veränderung: Nach bestem freudschen Muster entwickelt sich in ihm nun fast schon ein Gefühl von Haß gegen diese Vater-Figur, die so katastrophal versagt und seinen, des »Sohnes«, dringendsten Wunsch nicht erfüllt hat. Einmal ganz abgesehen von der rein sachlichen Kritik Kierkegaards stehen also gewaltige psychische Kräfte hinter dem Unwetter, das er aufziehen läßt.

Indessen stellt sich jedoch die recht wichtige Frage, was denn eigentlich zwischen 1851 und 1854, in diesen drei Jahren der endlosen Überlegungen, mit Kierkegaard geschieht. - Hält er bis zuletzt an seiner grundsätzlichen Sicht des menschlichen Lebens fest, wie er sie in seiner gesamten Verfasserschaft entwickelt hat, oder verschieben sich seine fundamentalen Begriffe so stark, daß er zum Schluß praktisch zu einer anderen, neuen Sicht gelangt? Die Frage läßt sich auch so stellen: Ist das Verständnis von Mensch und Christentum, das den Artikeln aus der Zeit des Kirchenkampfs zugrundeliegt, dasselbe wie das, das in seiner gesamten Verfasserschaft zum Ausdruck kommt? Oder man kann auch direkt fragen: Hat Kierkegaard seine Meinung geändert?

Ich gestehe, daß mir diese Frage Schwierigkeiten bereitet, und ich fühle mich außerstande, eine eindeutige Antwort darauf zu geben - was auch schon darin deutlich geworden sein mag, daß ich an früherer Stelle unterschiedliche Antworten angeboten habe. Ich kann jedoch vielleicht einfach ein paar Tatsachen aufzählen:

Es läßt sich praktisch nicht bestreiten, daß einige von Kierkegaards wichtigsten Begriffen tatsächlich eine gewisse Bedeutungsverschiebung erfahren. Ein Beispiel dafür habe ich bereits angeführt: Hatte einst ein wichtiger Punkt für ihn darin bestanden, daß man ein authentisches Leben nur dann erreichen könne, wenn man »der Unmittelbarkeit stirbt«, so taucht nun diese Formel in veränderter Form auf, und es wird gefordert, »dem Irdischen zu sterben«. Bei der ersten Formulierung geht es Kierkegaard darum, daß der Mensch im Rahmen des Irdischen wahrhaft leben soll, während dies in der zweiten Formulierung gerade abgelehnt wird.

Etwas Ähnliches kommt in der Frage zum Ausdruck, welche Wirkung die Beziehung zu Gott hat. In der Verfasserschaft heißt es, daß sie nicht direkt ihren Ausdruck im Verhältnis des Menschen zur Welt finden könne, da die beiden Beziehungen (Gott-Mensch und Mensch-Welt) nicht dieselbe Struktur hätten. Durch die Beziehung des Menschen zu Gott werde seine Beziehung zur Welt erst legitimiert; dadurch könne er beruhigt und ohne Verzweiflung handeln. In seiner späteren Schaffensperiode vertritt Kierkegaard die Ansicht, daß gerade durch das Gottesverhältnis des Menschen seine Beziehung zur Welt zerstört werde. Im Christentum werde Liebe zu Gott gefordert, doch diese Liebe könne nur aufgrund des destruktiven Akts zum Ausdruck kommen, daß man sich selbst, sein eigenes Leben, haßt. Ein drittes Beispiel:

Der Begriff »Prüfung« ist an früherer Stelle in Beziehung zu der von Verzicht geprägten Bewegung fort vom Leben gebracht worden, jenem Vorgang, der sofort von der »Bewegung des Glaubens« abgelöst werde bzw. mit dieser gleichzeitig sein solle, aufgrund derer man glaubend wieder voll und ganz im Leben gegenwärtig sei. Nun hingegen wird die Tendenz deutlich, das ganze Leben als eine einzige Prüfung zu betrachten. Prüfung also nicht mehr als eine Episode oder ein Detail im Leben, sondern als das Leben selbst.

Im weiteren Verlauf der Entwicklung erhält Prüfung die Bedeutung eines »Examens«, das man bestehen muß. Was sich vorher innerhalb des Lebens abspielte und darauf abzielte, das Leben zu legitimieren, hat nun seinen Platz zwischen dem Leben als solchem und dem Leben nach dem Tod, der ewigen Seligkeit. Und so wären wir bei der traditionellen religiösen Auffassung angelangt, die da lautet: Das Leben hat keinen Sinn in sich selbst; es soll geopfert werden und hat den Charakter einer strengen Prüfung, die man bestehen muß, um die himmlische Belohnung, die ewige Seligkeit, zu erlangen.

Schließlich sei jedoch eingeräumt, daß die Aussagen, in denen es darum geht, sich selbst und seine Nächsten zu hassen, Jesus in Leiden und Märtyrertod zu folgen und dergleichen mehr, unbestreitbar und bekanntermaßen alle im Neuen Testament zu finden sind. Doch wie bereits erwähnt, ist das Neue Testament kein einheitliches Ganzes. Es lassen sich dort Stellen finden, die das genaue Gegenteil aussagen, die von einem unbesorgten Leben sprechen, die dazu auffordern, sein Leben aus der Hand Gottes entgegenzunehmen, der die Sonne gleichermaßen über Guten und Bösen aufgehen läßt, Stellen, die davon sprechen, daß man seinen Nächsten lieben soll wie sich selbst usw. Eigentümlich wirkt in diesem Zusammenhang, daß Kierkegaard all diese Bibelstellen natürlich nicht nur kennt, sondern daß sie sogar früher einmal eine zentrale Rolle für ihn gespielt haben. Nun hingegen sind sie allesamt wie vergessen. Eigensinnig und ohne Unterlaß zitiert er nur die anderen Stellen. Er, der einst das ergreifende und eindringliche Buch über »Die Werke der Liebe« schrieb, scheint nun völlig vergessen zu haben, daß die eigentliche Forderung des Christentums (wenn man seine verschiedenen Gebote durchaus gegeneinander abwägen will) nicht verlangt, sich selbst zu hassen, sondern seinen Nächsten zu lieben.

Es ließe sich noch wesentlich mehr sagen, aber ich möchte hier einmal innehalten. Die Tendenz ist sicherlich klar geworden. (Wer mehr wissen möchte und überdies des Dänischen mächtig ist, sei auf mein Buch »Da Kierkegaard tav«, Reitzel, 1980 hingewiesen). Es dürfte uns wohl gelungen sein, die Voraussetzungen einigermaßen verständlich darzulegen, mit denen man vertraut sein muß, wenn man Kierkegaards letzten ungestümen Auftritt verstehen will. Lassen Sie uns abschließend noch einen Blick auf diesen Auftritt selbst werfen!

Mit Mynsters Tod im Januar 1854 war Kierkegaards Meinung nach ein Ereignis von entscheidender Bedeutung eingetreten. Mynster hatte ja nicht das notwendige Eingeständnis gemacht, das die ganze Angelegenheit gerettet haben könnte. Nun war es zu spät dafür. Niemand außer Mynster, so jedenfalls glaubte Kierkegaard, war in der Lage gewesen, im Namen der ganzen Kirche zu sprechen. Die Konsequenz aus dem Nicht-Wahrnehmen dieser Möglichkeit bestand darin, daß die kirchliche Verkündigung und das kirchliche Leben in Dänemark sich in Gotteslästerei und Schwindel, in »ein ungeheurers Verbrechen« verwandelt hatte.

Darüber, wie sich Kierkegaard nun verhalten haben würde, lassen sich nur Vermutungen anstellen, denn noch bevor er Zeit fand, etwas zu unternehmen, wurde die Angelegenheit durch ein anderes Ereignis entschieden: Am Sonntag nach Mynsters Tod hielt Martensen in der Schloßkirche eine Gedächtnisrede auf den verstorbenen Bischof. Darin würdigte er Mynster als einen Märtyrer, und zwar als einen der echten und ehrwürdigen, deren Reihe sich wie eine heilige Kette von den Aposteln bis in unsere Tage ziehe. Das war natürlich alles nur kirchliche Rhetorik aus gegebenem Anlaß, von Martensen unbestreitbar ehrlich gemeint, doch im Grunde nichts anderes als leere Phrasen.

In Kierkegaards Bewußtsein hatte jedoch - wie wir gesehen haben - dieses Wort »Märtyrer« eine ganz besondere Bedeutung. Und gemessen an dieser Bedeutung war Mynster beinahe das genaue Gegenteil eines Märtyrers. Eine Rolle spielte sicherlich auch die Tatsache, daß Martensen in Kierkegaards Augen aufgrund seiner spekulativ beeinflußten Theologie und aufgrund seines offensichtlichen Karrierestrebens ein recht verachtungswürdiger Mensch war.

Martensen seinerseits mochte Kierkegaard genauso wenig, fühlte sich durch ihn verunsichert und konnte ihn nicht richtig verstehen. Woraus man ihm auch sicherlich keinen Vorwurf machen kann. Man muß sich auch die provinziellen Verhältnisse vor Augen führen, die in dem Kopenhagen jener Zeit herrschten, wo jeder jeden kannte.

Auf jeden Fall wurde Martensens Verwendung des Wortes »Märtyrer« im Zusammenhang mit Mynster zum Tropfen, der das Faß zum Überlaufen brachte. Kierkegaard machte sich umgehend daran, einen ironisch-beißend-höhnischen und vor Wut bebenden Protest zu verfassen. In der Folgezeit schrieb er mehrere Artikel dieser Art, die immer mehr an Ironie und Haß zunahmen. Merkwürdig ist nur, daß er sie nicht herausgab, sie nicht in der Zeitung erscheinen ließ. Stattdessen legte er sie in die Schreibtischschublade. Erst gegen Ende des Jahres, am 18. Dezember, ließ er schließlich den ersten dieser Artikel in der Zeitung »Fædreland« erscheinen.

Weshalb aber wartete er so lange damit? Die Frage läßt sich nur schwer beantworten. Selbst gab er als Grund an, er habe nicht Martensens Chancen für die Wahl zum Nachfolger Mynsters als Bischof von Seeland beeinträchtigen wollen. Als Gegenkandidat stand Professor Clausen zur Wahl, und der konnte auf jeden Fall mit der Ablehnung aller Grundtvigianer rechnen. Als Martensen tatsächlich zum Bischof ernannt wurde, gab es auch wirklich eine Menge polemischer Äußerungen. Doch auf deren Ebene wollte sich Kierkegaard nur sehr ungern ziehen lassen. Schließlich hatte *seine* Polemik einen weitaus wichtigeren Anlaß als bloß eine Bischofswahl.

Eine Rolle spielten jedoch zweifelsohne auch die politischen Verhältnisse. Mittlerweile war es zur Reaktion gekommen: Frederik VII. hatte sich verärgert über die Schwierigkeiten mit der freien Verfassung gezeigt und den reaktionären A.S. Ørsted mit der Regierungsbildung beauftragt. Die Möglichkeit eines Staatscoups und die Rückkehr zum Absolutismus schwebten drohend über der Nation. Das brachte Kierkegaard in Verlegenheit: Seiner Überzeugung nach stand er in Fragen der Politik auf seiten der Reaktion und schätzte Ørsted persönlich sehr hoch. Wenn er jedoch in der gespannten Situation seine ungeheuer polemischen Artikel herausgab, konnte er mit einer Reaktion von seiten der Regierung rechnen und vielleicht - wie es früher bereits Grundtvig aus vergleichbarem Anlaß ergangen war - unter Zensur gesetzt werden. Und möglicherweise würde ihm ja sogar noch Schlimmeres widerfahren. Also war er gezwungen, abzuwarten, und er wartete so lange, bis die Regierung abgetreten war.

Doch dann brach der Angriff auch los, zuerst als Artikelserie im »Fædreland«, später in einer Art Flugschrift, von der Kierkegaard unter dem Titel »Øjeblikket« (»Der Augenblick«) insgesamt zehn Ausgaben herausgab. Seine kürzeren und längeren Artikel, die kleinen beißenden Aphorismen, alles ohne eigentliche Disposition oder Entfaltung, einmal abgesehen von dem Hohn und Spott, der immer intensivere und verbissenere Ausmaße annahm, wurden zu einer ganzen Verfasserschaft für sich.

Gleiches an Polemik ist wohl nie zuvor oder danach gesehen worden. Doch schließlich handelte es sich bei diesem Mann mit der spitzen Feder auch um ein Genie mit furchterregender Intelligenz und ausgeprägtem Sinn für Polemik und Sarkasmus, um einen Sprachkünstler mit überragender analytischer Begabung und einer Leidenschaft, die nun freien Lauf erhielt. Und die Polemik war schon recht einseitig. Anfangs versuchten einzelne, unter ihnen Martensen, zu antworten, was jedoch zur Folge hatte, daß Kierkegaard ihre Äußerungen mit Hohn und Entrüstung vom Tisch fegte. Schließlich führte er allein das Wort.

Es steht außer Zweifel, daß Kierkegaard ganz persönlich die Situation genoß, allein gegen das ganze System anzurennen, und es finden sich Belege dafür, daß er, wenngleich vom Tode gezeichnet, dabei überaus guter Laune war. Doch auch rein sachlich hatte die starke Auseinandersetzung eine befreiende Funktion für ihn: Endlich konnte er klar Tisch machen, endlich reden, ohne sich zu verstellen und das sagen, was er sagen wollte. Natürlich lag eine Befreiung auch darin, daß er nun den drückenden Grübeleien und der Unschlüssigkeit vieler Jahre entkommen war. Er fühlte, daß nun alle Teile des Puzzlespiels an ihrem Platz lagen und sein lebenslanges intensives Denken eine Lösung gefunden hatte.

Mitten in der ganzen Aufregung brach er auf offener Straße zusammen, wurde in ein Krankenhaus eingeliefert und starb dort am 11. November 1855. Wenn man sich erlaubt, sein Leben als ein Schauspiel zu betrachten, dann muß man zugeben, daß dieses Ende eines gewissen dramatischen Effekts nicht entbehrt, Kierkegaards Familie und die Kirche jedoch in einige Verlegenheit brachte: Denn wie sollte man die Beerdigung eines Mannes arrangieren, der gerade der Kirche und allem, was mit ihr zusammenhing, in schärfster Form die Freundschaft aufgesagt hatte? Die Angehörigen hielten Familienrat. Das Resultat war, daß man so tat, als sei nichts geschehen und eine standesgemäße Trauerfeier im Dom abhielt, die der Bruder Kierkegaards als Pfarrer durchführte - *der* Bruder, dessen Besuchswunsch sich Kierkegaard im Krankenhaus so erbittert widersetzt hatte!

Das dramatische Ende bringt auch uns ein wenig in Verlegenheit. Kierkegaard hatte sich ja selbst in eine Lage hineinmanövriert, in der er nicht allzulange verharren konnte. Eine solche polemische Auseinandersetzung ist eine typische Übergangssituation, die zu einem irgendwie gearteten Ende führen muß, zu irgendeinem Resultat, einer neuen, geklärten Situation, mit der man leben kann. Hätte er noch 30 oder 35 Jahre länger gelebt, wäre es natürlich ein Ding der Unmöglichkeit gewesen, die Polemik einfach die ganze Zeit fortzusetzen. So etwas hätte schließlich nur noch komisch gewirkt. Daher stellt sich die Frage, was er getan, wie er den Streit beendet und was er daraufhin an dessen Stelle gesetzt haben würde.

Die Antwort ist wiederum abhängig von der Frage, was er mit all seiner Polemik eigentlich gewollt hatte. Man kann sich nur schwer vorstellen, daß er sich nur in spontaner Erregung darauf eingelassen haben sollte. Spontaneität lag ihm nicht, und er war ein allzu gerissener Stratege, als daß er mit seinen Aktionen nicht ein bestimmtes, vielleicht in die weite Zukunft gerichtetes Ziel gehabt haben sollte. Auf jeden Fall möchte ich gern einmal versuchen, eine Theorie zu entwickeln, nach der der hemmungslose Angriff in Wirklichkeit eine wohldurchdachte Handlung war, die einem Zweck oder einer Absicht dienen sollte, die zu erreichen ihn jedoch der Tod hinderte.

Wenn diese Theorie stimmt, dann ist all das, was Kierkegaard in seinen Artikeln schrieb, nicht seine innerste Überzeugung und der Ausdruck dessen gewesen, was er für die Wahrheit hielt. Eher hat es dann den Charakter einer These, der er später mit einer Gegenthese begegnen wollte. In der Spannung zwischen diesen beiden Thesen sollte schließlich die Wahrheit hervorscheinen. Getreu dieser Methode hatte er ja seine gesamte vorausgehende Verfasserschaft aufgebaut, und rein theoretisch erscheint es naheliegend anzunehmen, daß er nach demselben Muster auch hier verfahren wollte, wo es um die polemische Auseinandersetzung mit der Kirche ging.

Diese Theorie wird in gewisser Weise durch das gestützt, was Emil Boesen, über seine letzten Gespräche mit Kierkegaard im Krankenhaus berichtete. Emil Boesen war vielleicht der einzige Freund, dem sich Kierkegaard vorbehaltlos anvertraute, und der gleichzeitig Kierkegaards eigentümlichen Gedankengang besser verstand als jeder andere. Boesen bedrängte Kierkegaard. Er war sich sicher, daß der mehr zu sagen, etwas hinzuzufügen habe, daß er nicht wirklich seine Meinung gesagt habe, allzu streng gewesen sei, seine Artikel nicht die »Wirklichkeit« getroffen hätten, daß er noch irgend etwas in der Reserve haben müsse. Doch von Kierkegaard kam nichts. Der nahe Tod hinderte ihn daran, das zu tun, was Boesen erwartete. Und nun, auf dem Sterbebett mit einer »Erklärung« zu kommen, die Boesen natürlich sofort veröffentlicht haben würde, das hätte alles zerstört, hätte so ausgesehen, als habe er unter dem Eindruck des nahen Todes widerrufen. Wenn nun also der Tod dazwischenkam, mußte das, was er gesagt hatte, eben so stehenbleiben, wie er es gesagt hatte. Vermutlich sah Kierkegaard darin den Willen der »Führung«.

Wenn die Theorie, die ich hier entworfen habe, zutrifft, ergibt sich folgende Konklusion: Kierkegaard hatte seine Zuflucht zu seiner Idee des Korrektivs genommen und sie nun, da Mynster tot war, in ihre äußerste Konsequenz getrieben. Die Kirchenkampfartikel in ihrer Gesamtheit waren ein Korrektiv zum Bestehenden. Was jedoch nicht klar wird, wenn man sie für sich allein nimmt. Denn an keiner Stelle wird in ihnen auch nur der geringste Vorbehalt gegen die radikale Polemik deutlich, die sie verbreiten.

Kierkegaard benutzt einen eigenartigen Anlaß, um deutlich zu machen, daß es sich so verhält, wie oben angenommen. Mitten im Konflikt mit der Kirche erscheint die »Einübung im Christentum« in einer neuen Auflage. Das nimmt er zum Anlaß, sich zu erklären, einerseits in einer kurzen Notiz im Buch selbst, andererseits in einem Artikel, der im »Fædreland« erscheint. Er gibt, so erklärt er, das Buch völlig unverändert heraus, weil er es als ein geschichtliches Zeugnis betrachtet. Hätte er es jedoch erst jetzt neu erscheinen lassen, würde er das inzwischen dreimal wiederholte Vorwort und die »Moral« am Ende des ersten Teils fortgelassen haben. Im Klartext heißt das, daß er jetzt die Stellen im Buch widerruft, die besagen, daß es sich bei dem Werk um ein Korrektiv handele. In den Kirchenkampfartikeln geht er von Anfang an mit großer Konsequenz vor: An keiner Stelle bezeichnen sie sich als ein Korrektiv, sondern geben sich selbst vorbehaltlos für die Wahrheit aus. Doch das heißt (immer unter der Voraussetzung, daß meine Theorie zutrifft), daß sie gerade in ihrer Gesamtheit ein Korrektiv zum Bestehenden sind, nun aber in der äußersten Konsequenz, daß sie dies nicht selbst verraten. Der Leser ist aufgefordert, selbst nachzudenken und die Artikel bzw. sich selbst in Beziehung zu den Artikeln in eben vorgeführter Weise zu verstehen.

Doch damit wären wir an dem Punkt angelangt, an dem es uns nicht mehr möglich ist, zu sagen, was Kierkegaard getan hätte, wenn er nicht gestorben wäre. Vermutlich hätte er zu gegebener Zeit bestimmt, daß das Korrektiv nun fertig sei. So hätte man, hätten wir, auf der einen Seite die Kirchenkampfartikel und auf der anderen die kirchliche Verkündigung gehabt.

In der Spannung zwischen ihnen hätte jeder für sich versuchen müssen, seine eigene Lösung zu finden.

Wie Kierkegaard sein weiteres persönliches Leben gestaltet haben würde, läßt sich nicht sagen. Aber das wäre ja auch sein eigenes Problem gewesen. Vielleicht hätte er nun für immer und ewig geschwiegen. Auf jeden Fall hätte er für sich jedoch ein Auskommen finden oder finanzielle Unterstützung bei seinen Verwandten suchen müssen, denn sein Vermögen war inzwischen aufgebraucht.

Das Entscheidende und Befreiende liegt für uns darin, daß sich dank der eben dargestellten Theorie die Kirchenkampfartikel wieder mit der übrigen Verfasserschaft in Übereinstimmung bringen lassen und Kierkegaard identisch mit sich selbst bleibt.

Das tut er hingegen nicht, wenn man meine Theorie verwirft. In dem Fall muß man sich der Erkenntnis beugen, daß Kierkegaard seine Ansicht geändert hat und nun zu einer religiösen und persönlichen Einstellung gelangt ist, derzufolge nicht die Möglichkeit besteht, als Mensch und Christ in der dänischen Gesellschaft zu leben. Und das erscheint mir als eine unhaltbare Behauptung.

KAISER TASCHENBÜCHER

KAISER TASCHENBÜCHER

KAISER TASCHENBÜCHER

KAISER TASCHENBÜCHER

KAISER TASCHENBÜCHER